杰拉德·德尼佐

GÉRARD DENIZEAU

[法] 杰拉德·德尼佐 著　胡莲 陈阳 张绚 周延 译

达·芬奇手稿

LÉONARD DE VINCI
LE GÉNIE VISIONNAIRE

江苏凤凰科学技术出版社
南京

Direction de la publication
Carine Girac-Marinier

Direction éditoriale
Christine Dauphant et Agnès Busière

Édition
Maëva Journo

Création graphique et mise en page
François Meunier

Recherches iconographiques
Frédéric Mazuy et Valérie Perrin

Couverture
Claire Morel-Fatio

Fabrication
Donia Faiz

图书在版编目（CIP）数据

达·芬奇手稿 /（法）杰拉德·德尼佐著 ；胡莲等译. — 南京 ：江苏凤凰科学技术出版社，2018.1（2022.1重印）
ISBN 978-7-5537-8531-8

Ⅰ. ①达… Ⅱ. ①杰… ②胡… Ⅲ. ①达·芬奇（Leonardo，da Vinci 1452—1519）—生平事迹 Ⅳ. ①K835.465.72

中国版本图书馆CIP数据核字（2017）第185738号

达·芬奇手稿

著　　者	[法] 杰拉德·德尼佐
译　　者	胡莲　陈阳　张绚　周延
项目策划	凤凰空间/张晓菲　正能文化/李沛森　渠帅
责任编辑	刘屹立　赵研
特约编辑	张晓菲　姚远
装帧设计	高旋
出版发行	江苏凤凰科学技术出版社
出版社地址	南京市湖南路1号A楼，邮编：210009
出版社网址	http：//www.pspress.cn
总 经 销	天津凤凰空间文化传媒有限公司
总经销网址	http：//www.ifengspace.cn
印　　刷	北京博海升彩色印刷有限公司
开　　本	889 mm×1194 mm　1/16
印　　张	8.25
字　　数	132 000
版　　次	2018年1月第1版
印　　次	2022年1月第4次印刷
标准书号	ISBN　978-7-5537-8531-8
定　　价	198.00元（精）

图书如有印装质量问题，可随时向销售部调换（电话：022-87893668）。

前 言

Avant-propos

列奥纳多·达·芬奇一生致力于研究现实世界，探寻世界运行的规律和奥秘。他的草图和手稿正是他一生心血最美妙、最具说服力的证物。

翻阅达·芬奇的笔记，可以看到这位极具创造性的艺术家用镜面字书写的笔记，其高超的技法令人印象深刻，但真正让人叹为观止的还是笔记内容无所不包的丰富性。手稿中随处可见用意大利语、拉丁语和方言写下的段落，它们填满了草图间的空白，速写、说明文字、插图和注解一层叠着一层，文字与绘画完全融合在一起，然而两者有时却没有丝毫联系。达·芬奇始终梦想着能够参透世间的所有奥秘，他就是文艺复兴精神的完美体现，而绘画正是达·芬奇对现实进行研究和剖析的工具，也始终是最能体现其才华和成就的艺术形式。

时至今日，达·芬奇留给后人的遗产就像他曲折的一生，作品数量繁多、价值极高却不见经传，在相当一段时间里不为人所知。除了举世闻名的《蒙娜丽莎》之外，见多识广的鉴赏家还能知道多少达·芬奇的成就？他设计的机器大多永远停留在草图、毛坯或模型阶段，从未真正运行过；宏伟的建筑或雕塑构想从未落到实处；提出的科学构想最后都无疾而终；甚至在编纂画册时，也因为收录的画作数量太少而陷入难以逾越的困境。

列奥纳多·达·芬奇绘制的托斯卡纳西部地区地图，1503年左右。

尽管如此，达·芬奇在面对人类生活的世界和无垠的浩瀚宇宙时依然表现出了极富远见的直觉和超越时代的天赋，他渴求知识、追求精神自由、胸怀开阔，与几个世纪之后的另一位人

物（孟德斯鸠）如出一辙。在达·芬奇去世两百年后，伟大的思想家孟德斯鸠写下了一句似乎专为达·芬奇而作的格言：“要成就伟大的事业，不需要多么伟大的天赋，也不需要高人一等，而是要融入众人之中。”在达·芬奇的一生中，无论面对天才还是无名小卒，权臣贵胄还是一介平民，能工巧匠抑或游手好闲的懒汉，他总是在倾听他人的声音。虽然达·芬奇的内心世界和私人生活仍然存在诸多谜团，但所有证据都明确无误地表明，他始终关注着与自己同时代的人。城市和乡村、农业和手工业、科学和艺术、解剖学和动物学、自然和上帝，都在达·芬奇笔下得到圆满、升华和进一步的发展。直到19世纪，卡尔·马克思和儒勒·凡尔纳都给予了达·芬奇高度的评价，这才让这位大师的艺术遗产在几个世纪之后获得应有的认可。儒勒·凡尔纳说道：“没有疯狂的期望，就不会有伟大的成就。”

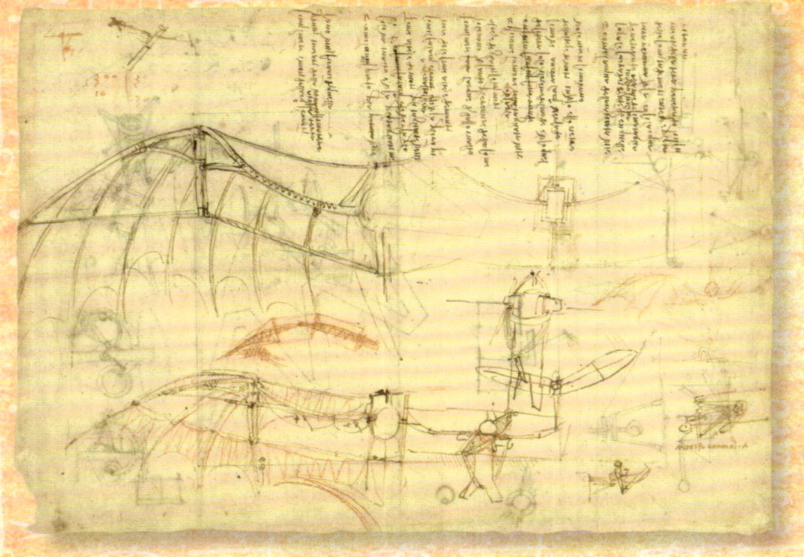

关于飞行翼的研究，第846v号手稿，1495—1496年。
羽毛笔和墨水绘制，
收录于《大西洋古抄本》。
飞行翼用皮带固定在人体上。

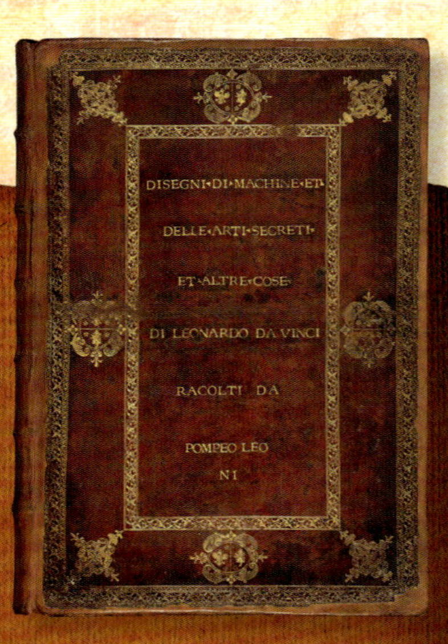

《大西洋古抄本》封面，16世纪下半叶。

达·芬奇的手稿

Les manuscrits de Vinci

在本书各章节中，读者将欣赏到达·芬奇绘制的手稿。达·芬奇积累了好几部抄本（书面稿手写簿），由他的学生弗朗切斯科·梅尔齐（Francesco Melzi）收集整理，后来一度散落各处。所幸大部分手稿现已找到，主要收录于以下典籍中：

- 《大西洋古抄本》，现存于米兰的安布罗西亚纳图书馆；
- 《阿伦德尔手稿》，现存于伦敦大英博物馆；
- 《提福兹欧手稿》，现存于米兰的斯福尔扎城堡图书馆；
- 《鸟类飞行手稿》，现存于都灵皇家图书馆；
- 《佛斯特手稿》，现存于伦敦维多利亚和阿尔伯特博物馆；
- 《马德里手稿》，现存于马德里西班牙国家图书馆；
- 《莱斯特手稿》，现由一名著名富豪私人收藏；
- 法兰西学会现存若干份达·芬奇手稿，编号分别为A、B、C、D、E、F、G、H、I、K、L、M。

《论绘画》（*Traité de la peinture*）收录了达·芬奇对绘画艺术理论与实际原则的阐述。

目录

Sommaire

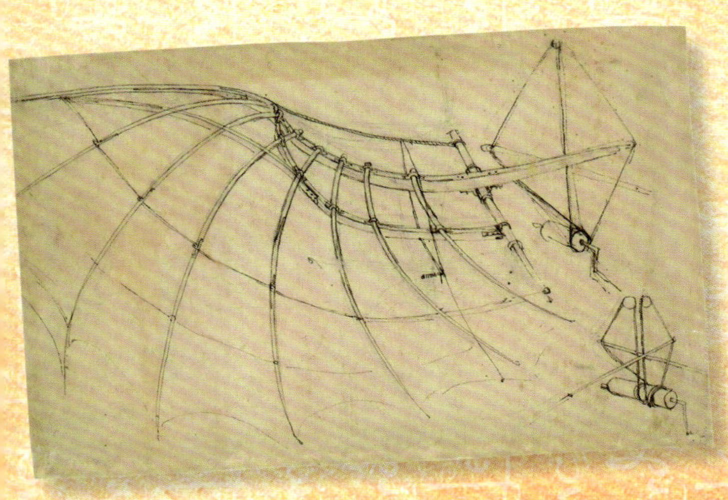

达·芬奇的童年与文艺

L'enfance de Vinc

"（儒略历1452年）4月15日（公历4月23日）凌晨3点，儿子迪·皮耶罗的孩子出生。我当爷爷了。"

（Nacque un mio nipote, figliolo di ser Piero mio figliolo a dì 15 aprile in sabato a ore 3 di notte.）

地方公证人安东尼奥·达·芬奇在自己的日记中记录了一代艺术大师——列奥纳多·达·芬奇的出生。

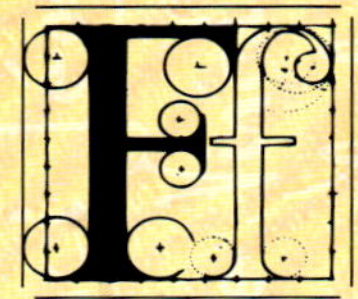

安东尼奥·达·芬奇的儿子皮耶罗·达·芬奇也是一名公证人。列奥纳多·达·芬奇是皮耶罗与出身贫寒的卡泰丽娜生下的孩子。出生证明上没有任何关于出生地点的信息，但种种线索表明，列奥纳多·达·芬奇是在一座名叫安奇雅诺（Anchiano）的小村庄里诞生的。

关于鸢的奇怪记忆

L'étrange souvenir du milan

列奥纳多·达·芬奇很少在手稿中提及童年往事（不过还是比同时代绝大多数人要多）。在《大西洋古抄本》第66页关于鸢、秃鹫和隼的研究部分，他写下了这样一段耐人寻味的隐秘回忆："我似乎命中注定要对鸢这种鸟类花费格外多的心思，因为我对童年最初的记忆，就是躺在摇篮里，一只鸢飞到我身边，用尾巴敲开我的嘴，拍打我的嘴唇，把尾巴伸进我嘴里！"

十二姐妹与唯一的男孩

列奥纳多·达·芬奇出生后很快在佛罗伦萨圣十字大教堂接受了洗礼。这场仪式的诸多细节遭到了后人戏剧化的解读：孩子的父母都没有出席施洗仪式，因为列奥纳多是他们的私生子！

小列奥纳多是个名副其实的"孽子"！皮耶罗·达·芬奇绝不可能将卡泰丽娜娶进门，因为当时他已经定下一门条

复兴时期的佛罗伦萨

Florence à la Renaissance

▲ 15世纪90年代的佛罗伦萨。

件优厚的亲事，即将迎娶一位名叫亚比耶拉·迪·乔万尼·阿玛多利的姑娘。不过，出人意料的是，这个孩子的出生让整个达·芬奇家族欢天喜地。皮耶罗的妻子在1464年去世，当时皮耶罗年纪并不大，后来又结了三次婚，最后两任妻子一共为他生下了12个女孩子，最小的孩子比同父异母的长兄小了整整46岁！

韦罗基奥的工作室

长期以来，人们通常认为皮耶罗在1462年回到佛罗伦萨时，将小达·芬奇的画作拿给当时极富盛名的画师和首饰匠人安德烈·德尔·韦罗基奥看，韦罗基奥一见，便将年仅10岁的小达·芬奇收为学徒。但是，更符合真实历史的情况应该是，小达·芬奇的童年是在他出生的村庄里的祖父母家度过的。

因此，达·芬奇的童年教育都是从当地神父以及叔父和祖父那里获得的。他没有学过拉丁文，习惯用左手写字——这种特别的书写习惯在他后来的手稿中有所体现。教育的不足让他失去了子承父业成为一名公证人的机会。因此，在他差不多18岁的时候，他便来到安德烈·德尔·韦罗基奥的工作室，接受真正意义上的艺术教育。

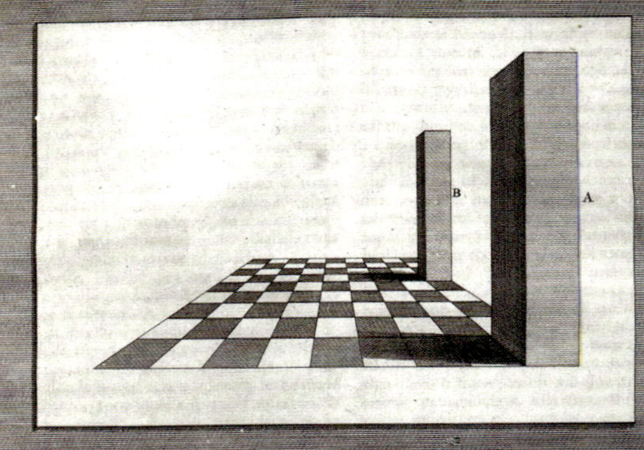

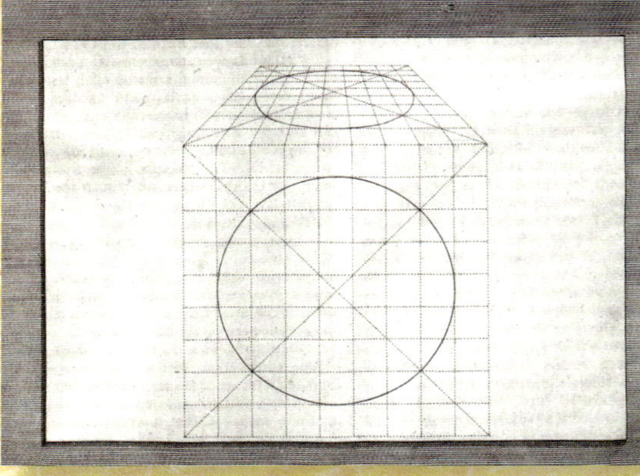

根据《建筑十书》中关于建筑和透视理论绘制的插图，莱昂·巴蒂斯塔·阿尔伯蒂。▲

文艺复兴时期的发明

要想真正了解意大利文艺复兴，佛罗伦萨无疑是最好的突破口。1401年，洛伦佐·吉贝尔蒂为佛罗伦萨大教堂的洗礼堂大门制作了浮雕，由此开创了一种全新的建筑空间理念。吉贝尔蒂的学生多纳泰罗以罗马皇帝马可·奥勒留为灵感建造了加塔梅拉塔骑马像，之后又以同样的手法创作了巴托洛梅奥·科莱奥尼骑马像，这是又一座以古代人物为原型的杰出雕像作品。同样在15世纪初，安杰利科修士和马萨乔发起了一场绘画革命，之后的皮耶罗·德拉·弗朗切斯卡和桑德罗·波提切利进一步采用了透视画法，彻底完成了绘画史上的变革。

列奥纳多·达·芬奇画像，▼
红粉笔画，无名氏作品。

美第奇家族统治下的佛罗伦萨：艺术的熔炉

15世纪的佛罗伦萨布局匀称，沿亚诺河而建。当时的佛罗伦萨由美第奇家

▲《亚诺风景》，目前已知的达·芬奇的第一幅素描作品，1473年。

族统治。这个家族中最负盛名的人物“伟大的洛伦佐”在经历了1478年的“帕奇家族叛变”事件之后，决意将佛罗伦萨打造成一面反映新时代风貌的镜子。当时，佛罗伦萨的手工工场遍地开花，科学与文学艺术的发展齐头并进，兴盛繁荣可以说是举世无双的。

正是在佛罗伦萨，菲利波·布鲁内列斯基开创了透视法，并将这一方法应用于圣母百花大教堂圆形穹顶的设计建造，成为一代杰作。同样地，在佛罗伦萨，第一本意大利语语法专著的作者莱昂·巴蒂斯塔·阿尔伯蒂提出，“美”更多地取决于比例而不是外形。依旧是在佛罗伦萨，波利齐亚诺于1480年创作了诗歌剧《俄耳甫斯》，由此开启了融音乐、舞蹈、建筑和绘画于一体的宫廷盛会。后来的达·芬奇也为宫廷盛会设计了种种可活动的布景和装饰。

第一幅作品

La première œuvre

目前确定出自列奥纳多·达·芬奇之手的第一幅素描作品现存于佛罗伦萨市乌菲齐美术馆，画中描绘了典型的佛罗伦萨景色。这幅作品名为《亚诺风景》，是用羽毛笔在小画幅上绘制而成（19 cm×28.5 cm）。画面左上角有作者本人的标注，证明这幅素描绘制于1473年8月5日，那一天恰好是大圣母节。作品尺寸较小，但从中已经能够看出达·芬奇对山川河流和花草树木的好奇心……画面左侧有一座矗立在山坡上的堡垒，居高临下地俯瞰着远处佛罗伦萨城墙外广阔的田野。

全知全能的人

L'homme universel

要想知道达·芬奇面对未知领域的态度，要想感受他那无所不包的好奇心，我们最好听听他本人是怎么说的。达·芬奇在1508年3月22日（儒略历）为手稿写下的序言中明确提出了自己的主张：“求知欲是人之为人的本能。”

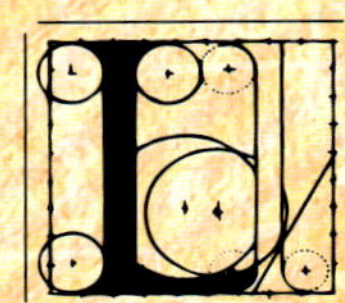

达·芬奇知道自己要面对怎样的处境。他知道，敌视他的人不会放过任何机会，攻击他缺乏学校教育，公开嘲弄他过于宽泛的兴趣，取笑他胆敢在许多问题上与知识渊博的前辈背道而驰且自命不凡。与此同时，他也明白自己在科学界只是姗姗来迟的晚辈（从当时的情况来看），因此才有了下面这段谦逊而真诚的讲话：“我不能选择造福千秋或者给人类带来极大享受的事业，因为在我之前的人已经把所有有用和必要的研究主题挑光了。我就像最后一个赶到集市的穷人一样，只能有什么拿什么，容不得我细细挑拣，面前只有别人挑剩下的、没有多少价值的东西。从别人看不上、瞧不起的货

岩石研究，1475年左右。铅笔和墨水画。

达·芬奇的藏书

La bibliothèque de Léonard de Vinci

多亏了弗朗切斯科·梅尔齐的精心保管（他的继承人瓜分了这笔财富），我们今天才能通过不同渠道了解达·芬奇藏书的部分情况。达·芬奇在手稿中提到自己拥有一百多本书籍，其多样性足以证明达·芬奇的兴趣范围之广泛。诗歌（但丁的《神曲》）、农业（克雷森齐的《农事书》）、绘画（阿尔伯蒂的《论绘画》）、医学（阿维森纳的《医典》）、天文（博纳蒂的《众星之书》）、建筑（阿玛迪奥的《建筑之书》）、几何（欧几里得的《几何原本》）和神学（马尔西利奥的《柏拉图神学》）等，古今作者五花八门的书籍被一视同仁地摆在一起，蒂托·李维、奥维德和老普林尼的作品也在其中！

物中，从其他买家弃之不顾的垃圾堆里，我小心地捡东西并装满自己卑微的行囊。背着这样的行囊，我当然不会去繁华的大城市，而是要去贫穷的小村庄，分享我拥有的一切，获得我应得的奖赏。”

经验是真理之源

达·芬奇的谦逊不是毫无原则的退让。他清楚自身的不足，但是他从不怀疑自己从经验中得出的结论，因为在他眼中，经验是真理的唯一来源。他先发制人，对诽谤者做出了尖锐的批判：“我很清楚，我不是学富五车的文人，这是事实，有些自以为是的人认为可以据此指责我无知。愚蠢的败类！他们不知道的是，我完全可以用盖乌斯·马略回答罗马贵族的话应对他们：‘霸占他人劳动成果的人绝不会让我得到应有的权利。’他们会说我教育程度太低，无法阐释对自己研究课题的看法。但是，阐释我所研究的科目，需要的是经验而不是别人的言论。经验才是所有能说会写的人的主宰，我选择了经验作为我的主宰，无论在何种情况下，我都以经验为主宰。”这番言论在当时是有风险的，因为经验这一“真正主宰”得出的结论可能会违背教会和大学宣扬的官方知识！对此，达·芬奇再次对不怀好意的批评做出了回应：“许多人认为，他们有理由指责我，声称我提供的证据违背了某些权威，这些人的判断完全以缺乏经验的权威为准绳，但他们没有考虑到的是，我的结论是

岩间圣母研究（细节），1480年左右。铅笔墨水画，手稿编号12424。

橡木叶，1505年左右。红色铅笔画，这幅画作体现了达·芬奇的广泛兴趣。

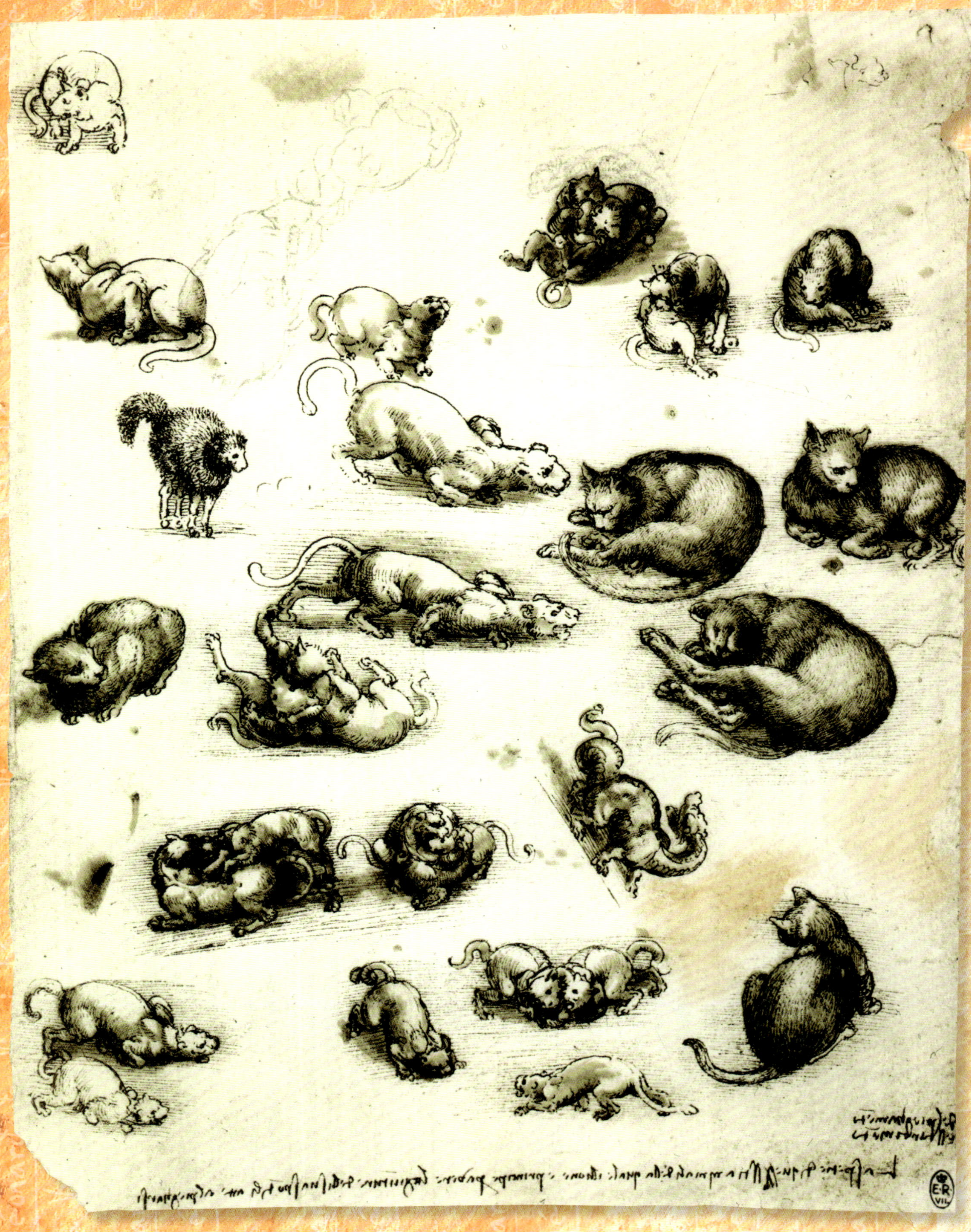

▲ 关于猫、狮子和龙的研究，1513—1516年。水墨渲染画。

从简单而纯粹的经验中得出的，而经验才是唯一的主宰。”

从观察到思考

对于研究达·芬奇的专家来说，这位大艺术家在1474年至1478年间的隐匿始终是一个谜。那时他已经成年而且小有名气，但这位初出茅庐的年轻人在那五年间的活动没有任何踪迹可循。或许兴趣广泛的达·芬奇将精力都花在了天文学、解剖学、地理学、物理学和机械动力学上……唯独对自己的艺术使命产生了怀疑。

唯一始终不变的是他的好奇心。一切都让他着迷，都让他想要研究一番。达·芬奇很早就开始研究散步时遇到的化石。他不相信圣经中关于大洪水的故事，认为在远古的地质年代可能发生过填海造陆的大规模运动。虽然这不能证明达·芬奇凭直觉开创了“大陆漂移说”，但我们必须再次承认，他那非凡的好奇心时常让他得出极具预见性的超前结论。

▲ 老人画像，1490年左右。羽毛笔和乌贼墨画，手稿B第87页。

在植物学领域也是如此：达·芬奇早就发现了植物中存在浆液，还研究了叶片的生长规律以及树桩年轮与树木年龄之间的关系，他的某些发现甚至比正统的科学研究早了好几个世纪，只是他从来没有证明自己的成果。

好奇心的局限性

Les limites de la curiosité

历史学家塞巴斯蒂亚诺·廷帕纳罗在其出版于1980年的著作中指出，达·芬奇这种无所不包的好奇心在很大程度上秉承了古希腊人博学广识的遗风，但也确实局限了达·芬奇的研究，使之无法升华为伽利略那样的纯粹科学。他指出：“达·芬奇不是加强版的伽利略（这一点我们必须承认），他是一位对大自然充满好奇心的伟大人物，但他不是哲学家或者科学家。他热衷于观察和记录，却不关心理论。他经常只是记录下某种事实，完全不做任何解释。”

师与徒

Maîtres et compagnons

达·芬奇在18岁前后成为安德烈·德尔·韦罗基奥工作室的学徒。

由于缺乏史料记载，我们无从知晓达·芬奇拜师的准确日期，但是我们知道达·芬奇的祖父于1468年去世，

这无疑是推动达·芬奇开启人生新阶段的重大事件。

《耶稣受洗》，安德烈·德尔·韦罗基奥，1472年左右。油画，177 cm×151 cm，现存于佛罗伦萨乌菲齐美术馆。

皮耶罗·达·芬奇做出了让步：他的儿子永远不可能成为法律工作者了。他只好动用自己的关系，把儿子送进韦罗基奥的工作室。就这样，在1469年或1470年前后，达·芬奇成了当时公认的最伟大的雕塑家的学徒，他的许多同窗伙伴日后也取得了辉煌的成就，如波提切利、佩鲁吉诺、基尔兰达约等。韦罗基奥和所有文艺复兴时期的伟大艺术家一样涉猎广泛，也让学生们在实践中学习各个领域的知识。首先当然是雕刻和绘画，之后是金银器加工和建筑，此外还要学习工程学、细木加工和机械动力学——菲利波·布鲁内列斯基正是在这几个领域崭露头角，成为了佛罗伦萨的荣耀。

素描，真理的外衣

韦罗基奥始终坚信，素描是一切造型艺术的基础。达·芬奇留下的多

性情忧郁的韦罗基奥

L'esprit inquiet d'Andrea Verrocchio

韦罗基奥从1466年开始创作《耶稣与圣托马斯》，达·芬奇加入工作室时，韦罗基奥正在精心打造这件作品。这座雕像表现了耶稣向门徒圣托马斯展示伤口，以证明殉道复活的场景。雕像借鉴了弗拉芒画派（手部的表现力、衣物褶皱的复杂性、足部细节等）和佛罗伦萨古典主义（整体的冷色调、表现人物心理的力度等），塑造了极具视觉冲击力的伤口。这种表现方式在当时引起了轰动。在科莱奥尼骑马像的创作过程中，达·芬奇再次体验到了这种艺术风格的影响，这座骑马像的创作在1488年一度因韦罗基奥去世而中断，之后由亚历桑德罗·莱奥帕尔迪接手，最终于1496年完工。塑像表现了雇佣兵队长巴托洛梅奥·科莱奥尼骑在马上意气风发、充满张力和侵略性的形象。

《耶稣与圣托马斯》，安德烈·德尔·韦罗基奥，1467—1483年。青铜像，佛罗伦萨。

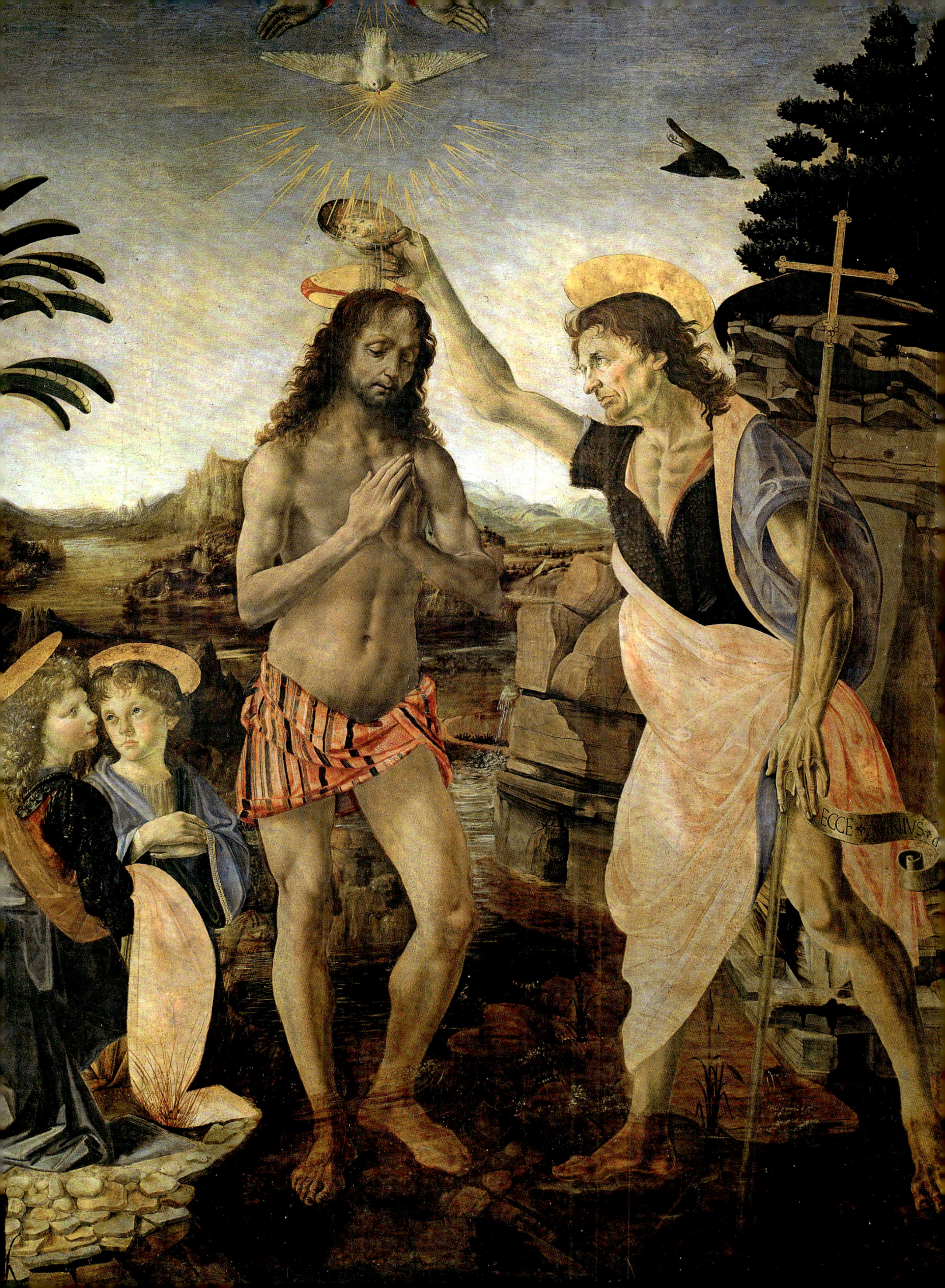
ECCE AGNIVS

马的比例研究，安德烈·德尔·韦罗基奥，墨水画，现存于大都会艺术博物馆。

幅素描和速写草图让我们看到了这位艺术家与众不同的才华。达·芬奇在《论绘画》中专门有一章题为“论衣袍，论人物的优雅着装，论服饰和衣袍的本质”，足见前辈表现衣饰的手法对于达·芬奇作品的重要影响。对达·芬奇而言，衣物的褶皱不是表现空间感的工具，而是塑造人物生命的有机组成部分。用线条表现平面，用光影明暗表现体积，然后从中创作出栩栩如生的鲜活生命——圣母或天使，沉思的哲人或慷慨陈词的演说家。在达·芬奇笔下，衣袍的纹路似乎在空气中微微颤动，仿佛拥有生命一般，好像永远停驻在被艺术家捕捉并呈现在画面中的那一瞬间。

《巴托洛梅奥·科莱奥尼骑马像》，安德烈·德尔·韦罗基奥，1488年左右。威尼斯。

◀ 关于马匹塑像的研究（斯福尔扎的坐骑），达·芬奇，1491年左右。羽毛笔和棕色墨水在纸上绘制而成，《马德里手稿第一卷》。

合作作品

从1472年起，达·芬奇的名字开始在圣卢卡画师行会中出现。他开始领取画师行会的津贴，这说明他已经可以自立门户。不过他还是继续待在韦罗基奥的工作室，一直到1476年。

除了1473年8月5日的一幅小型景观画之外，我们知道达·芬奇还参与了其老师工作室其他大型项目的创作。例如洛伦佐·迪·克雷蒂的《天使报喜》中，达·芬奇很有可能为其绘制了草图；而韦罗基奥本人的作品《耶稣受洗》中的某些部分，例如画面背景、人物意味深长的微笑和精细的植物，也是由达·芬奇完成的。

雕塑家达·芬奇

我们很难确切地知道达·芬奇是如何走上雕塑创作道路的。在这个问题上，文艺复兴艺术理论家乔尔乔·瓦萨里是一位相对可信的证人，因为他出生时达·芬奇还活着。据他所说，达·芬奇当时已经开始用石膏或陶土塑造女性和孩子的头像。但支持这一论断的证据很少，到目前为止似乎还没有发现任何一座确认出自达·芬奇之手的雕塑作品。

在此有一件作品不得不提，那就是《达·芬奇的马》，这是米兰公爵卢多维科·斯福尔扎于1482年定做的骑马像，以公爵之父弗朗切斯科·斯福尔扎为原型。达·芬奇只完成了黏土模型。虽然模型得到了一致认可，但在当时的局势下，原本为塑像准备的100吨青铜最终被用于铸造大炮！这尊塑像直到20世纪末期才得以重建，模具已经损毁，只能根据保存下来的图纸复原，成品于1999年9月在圣西罗赛马场的入口处展出。离开韦罗基奥的工作室时，达·芬奇已经初步涉猎了五花八门的领域，在他未来的人生里，他将在这些领域尽情施展自己的才华！&

乔尔乔·瓦萨里的记载

Le témoignage irremplaçable de Giorgio Vasari

《顶级画家、雕塑家和建筑师的人生记录》是乔尔乔·瓦萨里的一部体量庞大的著作。全书共收录了两百多位艺术家的传记，其中尤以佛罗伦萨艺术家为主。这部著作于1550年在佛罗伦萨首次出版，1568年修订再版。它是文艺复兴研究中不可或缺的史料来源，有时甚至是唯一的证据。全书分为三部分，作者不仅记录了数不胜数的传记和档案资料，还阐述了自己的美学和文体学观点。虽然瓦萨里在书中掺杂了过多的个人色彩，其中的某些断言仍然值得商榷，但是这部作品仍然是艺术史上的一部关键性著作。

菲利波·布鲁内列斯基的门徒

Le disciple de Filippo Brunelleschi

"记得圣母百花大教堂里用来焊固柱头的焊缝……"（"手稿G"中的一页）对于达·芬奇接受艺术教育的时期，专家经常产生分歧，不过，所有专家都承认，达·芬奇对托斯卡纳艺术极为推崇，尤其是托斯卡纳艺术中至高无上的杰作——由菲利波·布鲁内列斯基从1420年起开始修造的圣母百花大教堂的恢弘圆顶。

达·芬奇来到人世时，菲利波·布鲁内列斯基已经去世五年了。当时的布鲁内列斯基享有盛誉，不过，他的代表作还没有彻底完工。

佛罗伦萨主教座堂穹顶的剖面图和平面图，菲利波·布鲁内列斯基设计，路多维克·卡尔第（即齐奥利）绘图。

佛罗伦萨穹顶

1468年，安德烈·韦罗基奥接手了这项工程，负责熔铸教堂穹顶的青铜球体，四年后，青铜球被悬吊到200m的高空，安装在穹顶顶部。对于包括达·芬奇在内的很多学生来说，这项工程是一个真正的试验场，为他们提供了一次难得的机会，观察并掌握了多种起重设备的运作原理，其中就包括建筑师布鲁内列斯基设计的起重机。

由于史料缺乏，在此难以断言，但极有可能的情况是：这台安装在圆轴上能够旋转的大型起重机在穹顶的搭建中发挥了重要作用，并且一直到最终安装建筑顶端的十字架时都在使用。工程中使用了两种不同的起重机，一种专门用于外层建筑的兴建，另一种则用于外部立面的架高。在达·芬奇的笔记中，后人发现了数不清的机械草图和设计图纸，这些都是交给布鲁内列斯基的。这就留下了一个难题，因为这位富有远见的建筑师和天才艺术家没有在任何资料上留下签名，或许是因为他的确没有写下自己的名字，也或许是时光的流逝带走了所有痕迹。

菲利波·布鲁内列斯基：建筑师的诞生

Filippo Brunelleschi ou la naissance de l'architecte

要想准确评价菲利波·布鲁内列斯基的历史作用，我们必须了解一点：布鲁内列斯基的同时代人对他的评价并非众口一词。根据瓦萨里的记载，布鲁内列斯基为教堂穹顶项目所做的慷慨陈词最初只换来了众人的嘲笑，他被议事厅开除，所有人都认为他"彻底疯了"。

然而，值得注意的是，正是在这样的背景下，建筑师这一前无古人的角色登上了历史舞台。从此，建筑从业者不再只是建筑工人、砖瓦匠、凿石工和手工学徒，充满智慧的建筑师作为统领全局的领导者应运而生，以直觉和经验与传统的教条主义相抗衡，甚至以人之为人的身份与神抗争！

36.
La meta de
Proffili delle
cupole e
loro centine
Quarta parte delle
Piante
et tutt le misure si
dalla scala Modulatoria
posta qui di sotto

为《最后的晚餐》中的圣约翰绘制的草图，1495年。下半部分为米兰感恩圣母堂的草图。

科学为艺术服务

许多艺术史学家否认达·芬奇作为建筑师的历史地位，理由是他没有任何建筑作品。尽管这一观点是否准确还值得进一步讨论，但我们确实很难找到足以推翻这种说法的实证。

达·芬奇提出了许多建筑方面的构想，他是一名建筑理论家而不是实践者。从某种程度上说，他更像是一位工程设计师，对于追求形态与比例和谐统一的人文主义，他始终与之保持着若即若离的态度。机器和起重设备让他着迷，他对机械精巧构造的迷恋似乎远远超过了对建筑之美的欣赏！

事实上，布鲁内列斯基的辉煌成就影响了达·芬奇一生的创作（从他的绘画作品中可见一斑），布鲁内列斯基的建筑不仅开创了全新的形式（大理石和普通石料的使用、拱券的设计等），还为后人提供了表现体量巨大对象的手段。

起重机和施工机器

站在佛罗伦萨主教座堂前，面对恢弘的圆形穹顶，无论是神职人员、艺术家还是普通的旅行者，都会被这座建筑的宏伟气势折服。而最让达·芬奇钦佩的却是建筑修造者的高超技艺，尤其是建筑师所设计的，在当时堪称异想天开也最复杂的机器——大型起重机。

在《大西洋古抄本》中，有两张绘制于1478年至1480年间的图纸，发明家在这两张图纸中强调了螺杆作为增加动力的主要装置以及平衡重（自中世纪起便开始使用）作为驱动机器的动力之源的重要作用。

在二三十米的高度，起重机的一大优势在于能够在水平方向上搬运物

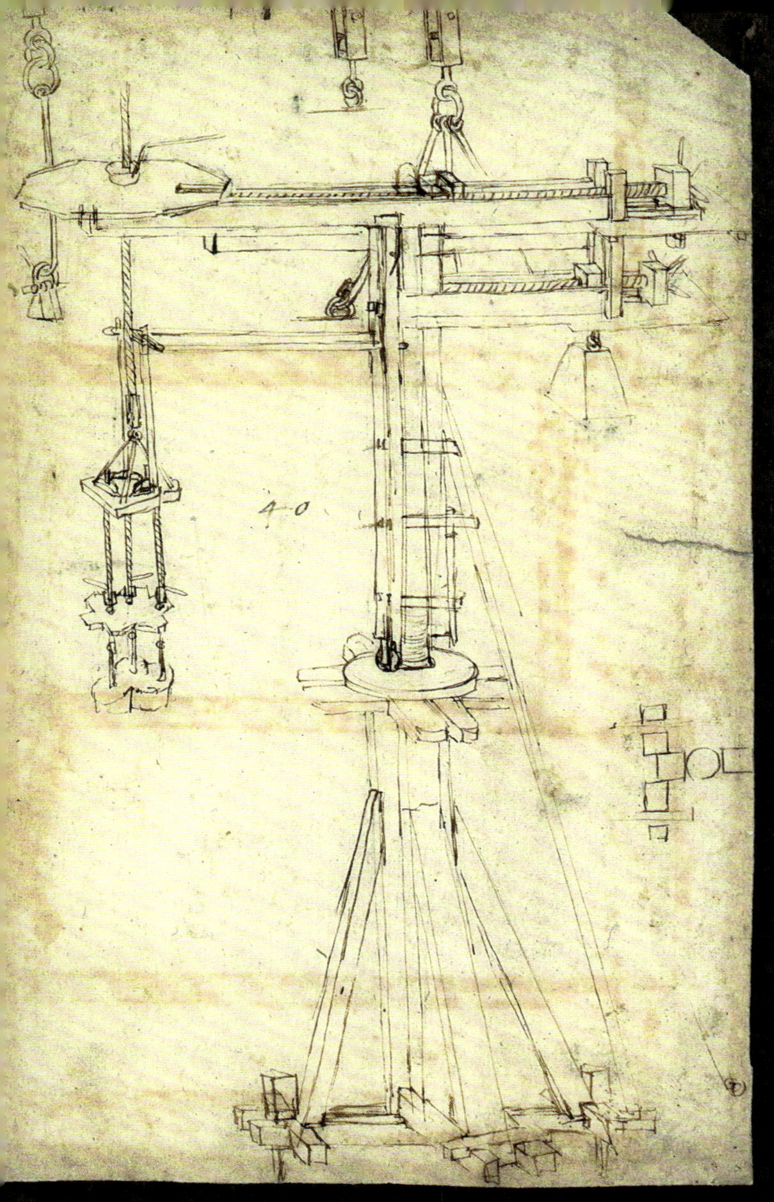

布鲁内列斯基的起重机，第965r对开页，1478年。铅笔在纸上绘制，收录于《大西洋古抄本》。

体。这是一项全新的创举，从罗马时代到当时，没有任何机械能够做到这一点。毫不夸张地说，布鲁内列斯基的发明直到19世纪初期仍在使用！这位天才为起重机加装了巨大的垂直轴，可以从地面的转向杆控制高处的操作。使用起重机的另一大优点是，重物在吊装过程中不易损坏。这样一来，我们完全可以理解，思维活跃的达·芬奇面对这项实用而充满智慧的伟大杰作时，怎么可能不对布鲁内列斯基的才华叹为观止呢？

事实上，将达·芬奇与菲利波·布鲁内列斯基联系在一起的，并不仅仅是精神导师与学徒之间的师承关系，还有更深层的内涵。两人年纪相差近一个世纪（如果布鲁内列斯基在达·芬奇出生时还活着的话，他应该有85岁了），但他们都来自同一座人才荟萃的城市，怀有共同的创新理念，同样为文艺复兴时期工程师地位的确立做出了重要贡献。这两位文艺复兴时期的大人物为今后几个世纪的研究者提供了源源不绝的宝藏。

双重的敬意

Un double hommage

在布鲁内列斯基发明的所有机器中，让年轻的达·芬奇印象最为深刻的大概就是大型起重机（在当时被称作castello，意为城堡）了。因此，在《大西洋古抄本》中对起重机的机械构造进行临摹的部分（第965r页），达·芬奇为其精心描绘了配重系统，精准地表现了利用平衡重将大型重物准确搬运至指定地点的过程。这是达·芬奇对天才前辈双重意义上的致敬：一方面是向工程师致敬，另一方面是向人文主义致敬——人文主义时代，有了起重机这样的机械，工人再也不用当牛做马了！

人与机器

L'homme et la machine

“力学是数学的天堂。正是因为有了机械力学，我们才能实实在在地品尝到数学的果实。”（《达·芬奇笔记》）

沉迷于机械和力学的达·芬奇设想出了许多装置，数量之多、想象力之丰富，实在令人叹为观止。

起吊装置：水泵和戽斗水车，《大西洋古抄本》第7页（细节图），1480年左右。纸本画。

水塔和起吊装置，两根杠杆利用了阿基米德杠杆原理，《大西洋古抄本》第1069页（细节图），1480年左右。纸本画。

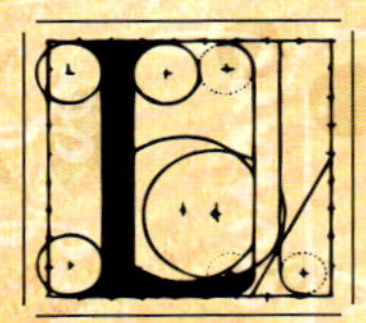

发明家达·芬奇在工程师生涯中设计的种种机器覆盖领域十分广泛，彼此之间甚至没有什么联系，一定程度上反映了他所处的时代的局限性和他对科技文化抱有广泛的好奇心。达·芬奇早期的机械研究中，实践与经验的紧密结合是一个重要特点：在实践中发现问题、解决问题，在这一过程中积累经验，指导下一步实践。

自然主义的观察

达·芬奇设计的第一批机器可追溯到1478年左右，设计草图十分简单，尚未完全确定。1480年前后，达·芬奇对绘图系统进行了反复试验和完善，使之越来越准确，并将其应用于后来的解剖、建筑和军事工程等研究领域。

当我们翻阅达·芬奇为自己想象出的机械装置绘制和编写的所有图纸和手稿时，最令人惊讶的一点是他对自己设计的模型拥有不可动摇的信心。如果设计合理，那么模型就会成功。而如果模型——机械设备的缩小版——是成功的，那么设备本身也一定会成功！从达·芬奇的这种逻辑中可以看出，他的思想来源于观察和经验，以

根据达·芬奇的设计图制成的滚珠轴承。得益于工程技术的进步，达·芬奇的许多设想在20世纪都被制成了模型。

对机械的信仰

Une foi illimitée dans la mécanique

许多人认为，飞行器毫无疑问是达·芬奇最了不起的发明设计，即使这一项目最终宣告失败也不影响它的伟大。借此机会，我们可以感受到这位艺术家对机械力学的无限兴趣。推进机的设计图就是其中一个例子：人在一个小吊篮里操作起飞和飞行装置，但整机的重量已经提前宣告了这台机器的失败。当然，发明者也采取了谨慎的态度：他表示将在湖面上进行试飞，这样即使机器坠落也不会导致任何不良后果！不过，他对自己的发明设计还是信心十足。

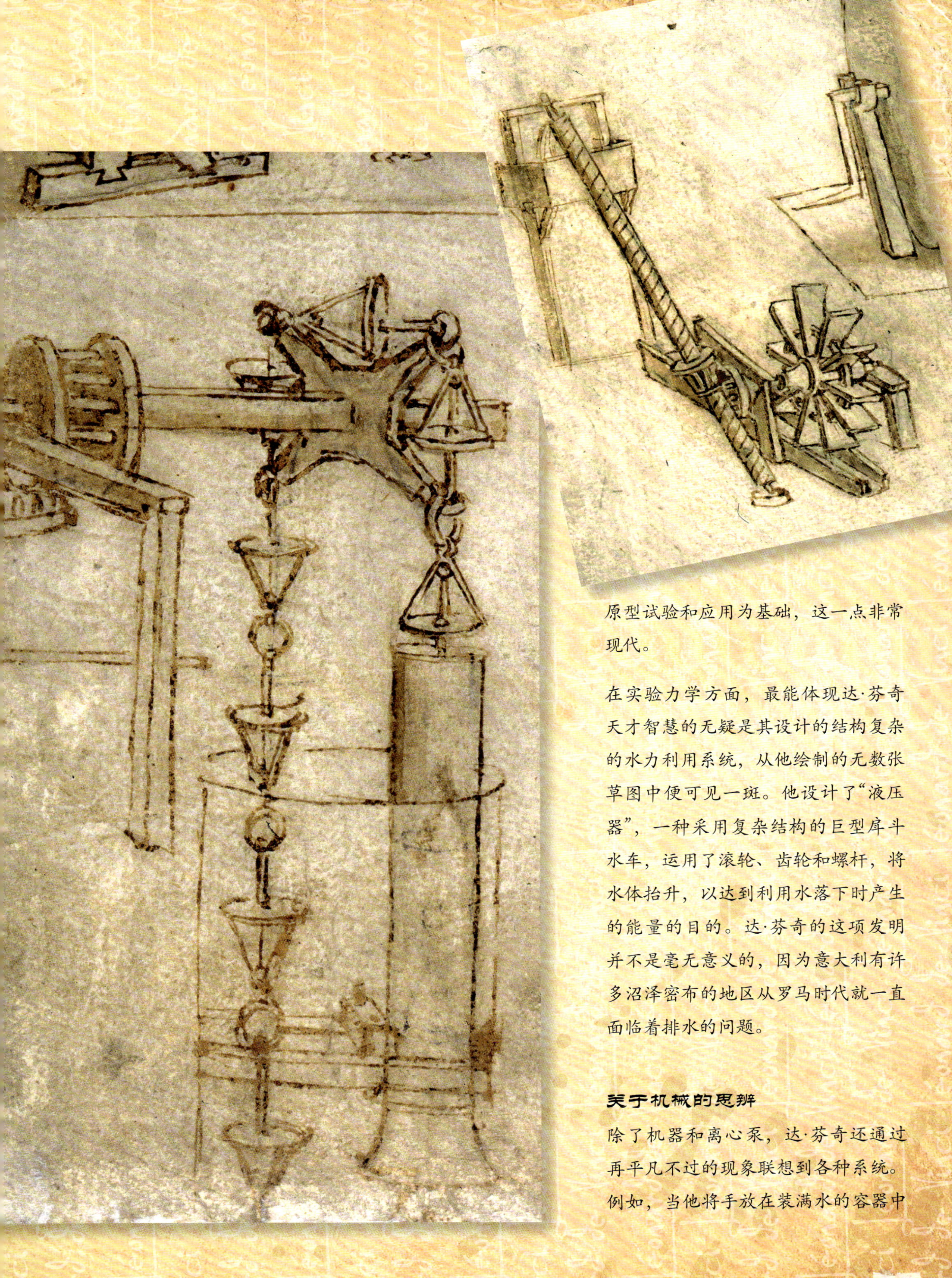

原型试验和应用为基础，这一点非常现代。

在实验力学方面，最能体现达·芬奇天才智慧的无疑是其设计的结构复杂的水力利用系统，从他绘制的无数张草图中便可见一斑。他设计了“液压器”，一种采用复杂结构的巨型戽斗水车，运用了滚轮、齿轮和螺杆，将水体抬升，以达到利用水落下时产生的能量的目的。达·芬奇的这项发明并不是毫无意义的，因为意大利有许多沼泽密布的地区从罗马时代就一直面临着排水的问题。

关于机械的思辨

除了机器和离心泵，达·芬奇还通过再平凡不过的现象联想到各种系统。例如，当他将手放在装满水的容器中搅拌时，他注意到这个简单的运动会形成一个倒锥形的旋涡，就像世界各地水手之间传说的恐怖海眼一样。

他由此想到，如果一只手的简单运动就可以产生涡流，那么利用风车或虹吸管建造一台机械装置，就可以产生永久的漩涡了。达·芬奇由此设想出一台巨型机器，根据需要安装在特制的超大型平台上，利用漩涡原理将沼泽地里的水抽离出来。有趣的是，达·芬奇很善于向大自然学习，然后将学习成果应用到机械设计和操作中。用手搅拌出漩涡之后，达·芬奇开始了下一步试验，他用小铁棍在水桶里搅拌，然后据此绘制了几种模型，以解决发现的各种问题。最后，在前几步的基础上，他终于绘制出了“水力机”的设计图……

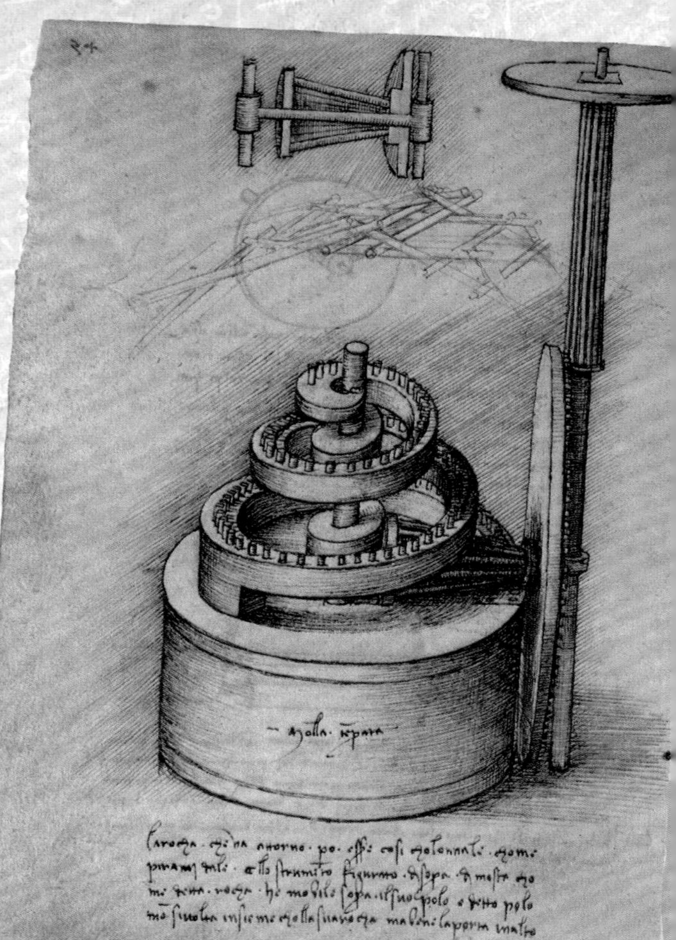

时钟的齿轮系统，《马德里手稿第一卷》第36v页（细节图），1493年。纸本画。

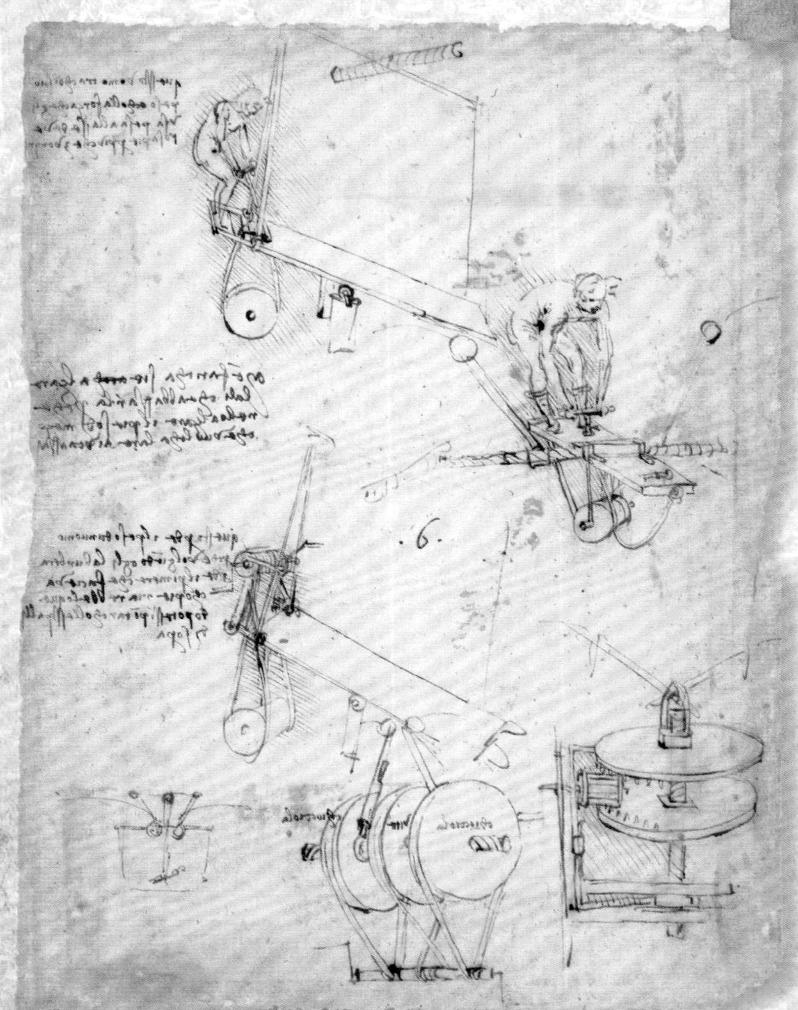

关于飞行的研究，《大西洋古抄本》第1058v页，1485年。纸本画。

但他却始终没有将这台设备真正制造出来！

纺织机器

为抽干沼泽积水的水力机是根据实际需要而设计的，同样地，达·芬奇的纺织机项目与当时米兰地区纺织工业的蒸蒸日上也有着直接关系。

测量时间

Mesurer le temps

《马德里手稿第一卷》中有许多关于时钟的图稿，反映了达·芬奇对这一力学分支的热情。他绘制的用于钟锤传动和调节的齿轮结构极为精巧，不过并没有真正的创新之处。这些手稿让我们看到的是作为艺术家而不是设计师的达·芬奇，手稿的精美程度表明他正在探索运动的普遍规律，这为他后来在意大利和法国的宫廷节庆活动上制作出的令人惊奇的人偶奠定了基础。

《大西洋古抄本》第106对开页绘制了一幅别出心裁的机器草图。其创新之处在于，将原本专为纺丝设计的装置用来纺织羊毛。事实上，在达·芬奇为米兰自动羊毛纺纱机绘制的几页设计图中，他设计了绕纺锤旋转的U形薄片，可同时进行纺线和绕线。薄片的扭曲程度由旋转圈数和纺线拉伸的长度决定。

不过，许多历史学家质疑这件装置是不是真正意义上的创新：达·芬奇在手稿中绘制的先进机械究竟是他本人的发明，还是他在当地工场中发现并记录下来的呢？也许，更简单也符合逻辑的答案是，发明家达·芬奇描绘了当时已经存在的机器，但也根据纺织工业技术人员向他提出的建议进行了改良。可以肯定的是，达·芬奇非常重视纺织机器，他毫不犹豫地断言，这项发明和印刷机一样重要："纺织机和印刷机同样有用，使用纺织机会给人们带来更多的收益。"纺织机器项目中最值得注意的一点在于，发明家致力于实现最大程度的自动化并为此进行了不懈的钻研。然而，这一次也与之前的项目一样，雄心勃勃的设计却在实践中遇到了问题。

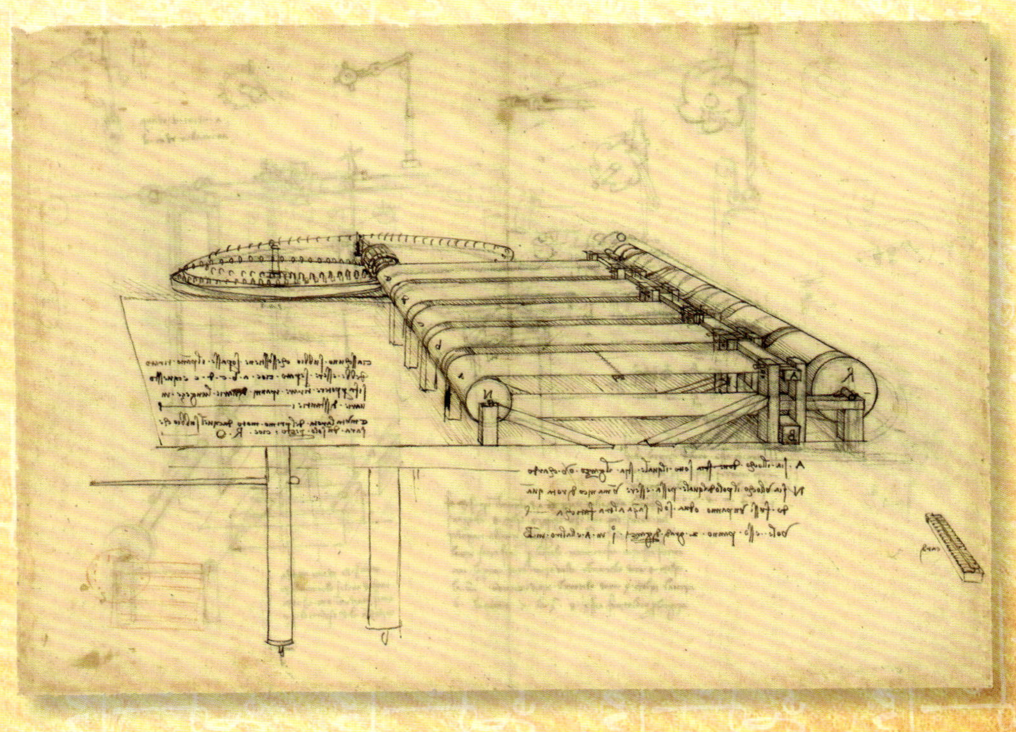

▼ 纺织机，1490年左右。纸本画，《大西洋古抄本》第106r页。

身在意大利宫廷

Au cœur des cours italiennes

1482年至1500年，达·芬奇得到了卢多维科·斯福尔扎的赞助，居住在米兰。卢多维科·斯福尔扎绰号“摩尔人”，是一位杰出的政治家，也是一位慷慨的艺术赞助人。达·芬奇当时已经享有一定的声望，此番应洛伦佐·德·美第奇的要求前往米兰，去传播在佛罗伦萨习得的知识和技艺。而正是在这一时期，达·芬奇完成了他最伟大的杰作。

《费隆妮叶夫人》，1495—1499年。油画。63 cm × 45 cm，现存于巴黎卢浮宫博物馆。

达·芬奇于1483年开始创作《岩间圣母》，1490年开始创作《音乐家肖像》和《抱银鼠的女子》，1495年至1499年间创作《费隆妮叶夫人》，其中尤其重要的是，从1494年至1498年，达·芬奇在感恩圣母堂的修道院餐厅开始了《最后的晚餐》的创作。

非比寻常的广泛涉猎

除了画家之外，达·芬奇还作为插画师为数学家卢卡·帕乔利修士于1497年创作的《神圣比例纲要》绘制了插图。在为这部讲述黄金分割比及其应用的著作绘制插图的过程中，达·芬奇也为自己的思考汲取了灵感。

直到宫廷举办豪华庆典时，达·芬奇才真正有机会尽情展示自己的多才多艺。不过，在大展宏图的同时，他也时常抱怨薪水太低！

为权贵服务

达·芬奇在许多意大利城市居住生活过（佛罗伦萨、帕维亚、热那亚、曼图亚、威尼斯、罗马、蒂沃利和菲耶索莱等），而在米兰，他迎来了侍奉宫廷的职业巅峰。谈到这个问题，首先我们有必要知道，能够进入宫廷，

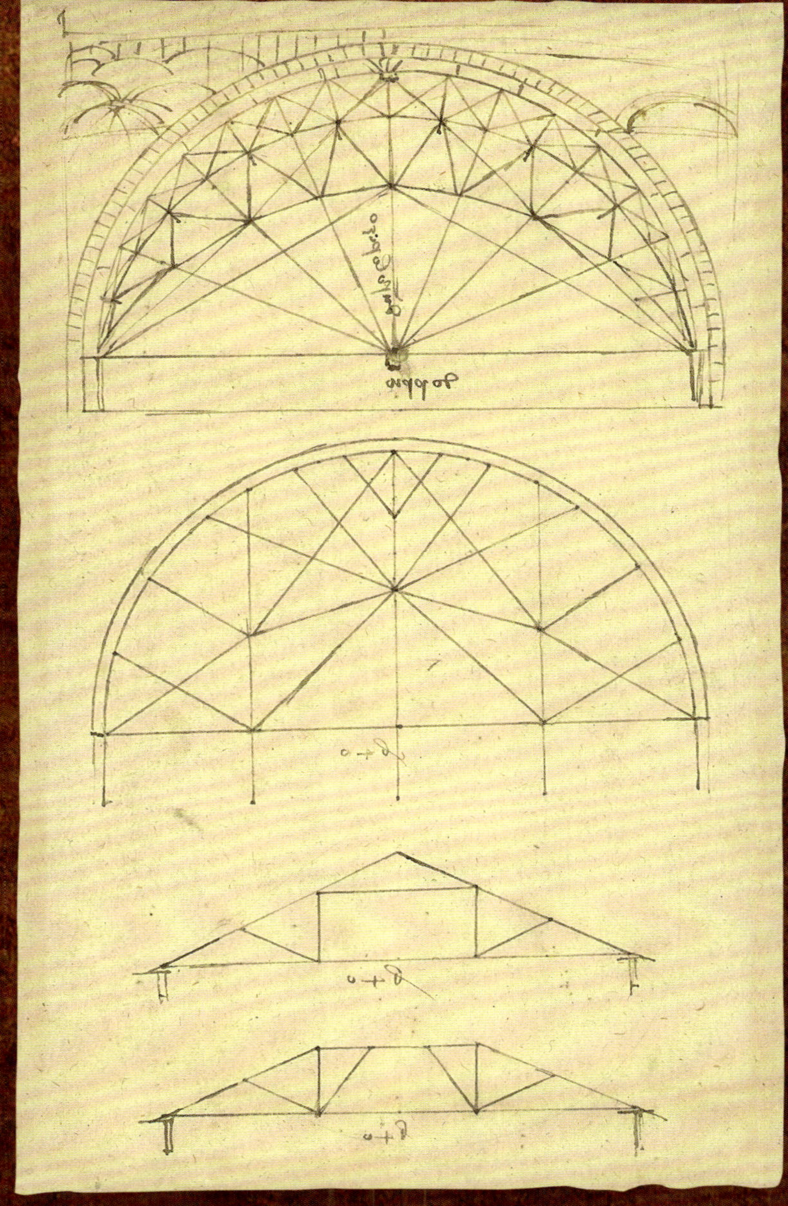

▲ 拱形结构草图，《大西洋古抄本》第535r页。纸本画。

“摩尔人”卢多维科

Ludovic le More

卢多维科·斯福尔扎（“摩尔人”这个绰号来源于他的发肤皆黑且骁勇善战）在历史上的主要角色是达·芬奇的赞助人，后世对他的评价毁誉参半。他精明强干却生性残忍，他是艺术和艺术家的保护者，也是好勇斗狠的战争狂人，他用几年的时间成功地将米兰建设成欧洲文明最辉煌的中心之一。1494年，卢多维科·斯福尔扎被神圣罗马帝国皇帝马克西米利安一世封为米兰公爵，在意大利战争中与法国国王查理八世结盟，击败敌人之后又立刻调转矛头与法国开战。1499年，新登基的法国国王路易十二占领米兰，宣告了卢多维科·斯福尔扎时代的终结。1500年，卢多维科·斯福尔扎在诺瓦拉被俘，随后被囚禁在法国洛什，郁郁而终。

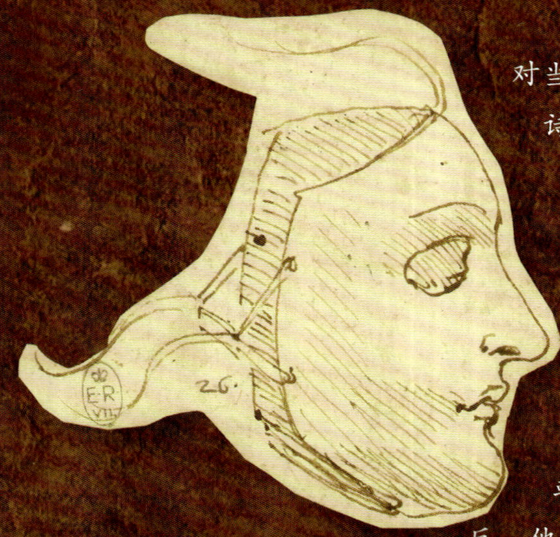

达·芬奇设计的面具草图，1496年左右。纸本画。

对当时所有的艺术家、诗人、音乐家以及所有为权贵提供娱乐活动的服务者来说，都是至关重要的一步。达·芬奇并不认为宫廷的声色犬马是肤浅或腐败的，恰恰相反，他从中看到了扬名立万的机会。他为米兰宫廷奉上奢华而庄严的作品，得到了宫廷的认可。从当时的史料和坊间传言中可以看出，作为设计师和匠人的达·芬奇已经是盛大节日中无可取代的人物："他是令人钦佩的发明家，作品无比优雅，尤其懂得戏剧之美。他会伴着里拉琴的伴奏唱着优美的歌谣，所有见过他表演的王公贵族都对他赞不绝口。"（保罗·乔维奥）

智力游戏

为了在宫廷出人头地，首先必须证明自己足够机灵。"摩尔人"卢多维科公爵就很迷恋各种各样的文字游戏：寓言、字谜、传说、笑话、画谜和数字谜等。达·芬奇所有的纯文学作品都是为迎合这一潮流而创作的。这种创作需要才华，没错，但是也需要谨慎！通常情况下，这些文字游戏只能对主人歌功颂德，对主人的敌人口诛笔伐。有意思的是，达·芬奇在这类场合中的表达非常清晰，没有一点混淆视听、让人摸不着头脑的语义模糊之处，因为他想要的不是引起困惑，而是获得赞赏。

为节日"天堂盛宴"设计的服装，1490年。木炭画。

谜语，宫廷的游戏

La devinette, art de cour

15世纪末，字画谜渐渐不再流行，达·芬奇又想出了新的创意来供米兰的贵族们取乐——谜语。达·芬奇的谜语中总有一些阴郁的元素，像是让人产生不祥预感的预言。最有名的一则谜语是"死者从地底出来捕猎生者"。隐晦的谜面骗不过聪明人，他们很快就猜到这是一个阴郁的比喻，谜底是从土地里提炼出来，用以制造杀人武器的铁！达·芬奇对这种耗费脑力的游戏相当重视，甚至打算出一部专著收录所有的谜语——这是又一项最后没有实现的计划。

营造盛大场面的大师

最能展现达·芬奇天才之处的还是他作为“节日设计师”创作的作品。筹备宫廷盛会完全不是炫耀才智的游戏，而是要落实具体的工作：布景、准备服装、化妆、编排舞蹈、设计丰富舞台效果的机器、组织表演性的搏斗、设计发型……总之，什么都要懂，什么都要做。

1490年，米兰公爵吉安·加里亚佐·斯福尔扎（Gian Galeazzo Sforza）与伊莎贝拉·德·阿拉贡（Isabella d'Aragona）的婚礼为达·芬奇的“全才大师”（多才多艺的导演者）生涯提供了千载难逢的机会。他设计了一场宫廷舞会，开场舞由伊莎贝拉本人亲自表演，之后上场的舞者分别扮演主神木星和其他六大星球（太阳神阿波罗、火星玛尔斯、水星墨丘利、土星萨图恩、月神塞勒涅和金星维纳斯），众星之神一同向当天的女主角致敬，歌唱她的美德。这一切都在达·芬奇精心布置成天堂的公爵礼拜堂中举行，在木星之神开场之后，所有神明依次亮相。值得说明的是，达·芬奇在这场天堂盛宴上再次使用了布鲁内列斯基于1439年为佛罗伦萨主教会议施工期间创造的天才设备。

▲ 古罗马长枪兵，1480年左右。纸本画。达·芬奇为“摩尔人”卢多维科的宴会设计的演出服。

舞台设计师

为了将人文主义诗人波利齐亚诺的剧作《俄耳甫斯》搬上舞台，达·芬奇设计了一套无比复杂的舞台布景系统，利用齿轮和平衡重，营造出坠入阴曹地府的逼真效果，目瞪口呆的观众愕然发现冥王端坐在宝座上，周围满是冥界冤魂凄厉的惨叫和幽暗的鬼火。达·芬奇借这次机会发明了造福后人的机械装置：能够旋转的舞台！

飞行器：梦想家的梦想

Les machines volantes, le rêve d'un visionnaire

飞行器是达·芬奇无数异想天开的设计中流传最广、最具创意、最离经叛道的项目，然而，在他兴趣广泛的研究中，达·芬奇真正为这项设计付出的时间只是很小一部分，主要集中在1490年前后旅居米兰期间和1505年返回佛罗伦萨后。

关于鸟类的研究，1510年左右。纸本画。

飞行器，1490年左右。纸本画，手稿B。

在有些人眼里，空气是虚无的，无论将什么东西丢进空气里，都只可能落在地上，不过达·芬奇可不这么想，他已经感觉到空气中存在着某种东西——这种东西后来被称作空气作用力。他写道："我们对空气施加多大的力，空气就对我们施加同等的反作用力。"既然人天生无法飞翔，那就建造一台让人能够在空气中起飞的机器吧。而要设计这样的机器，就必须认真研究现实中能够飞行的生物。

鸟类模型：关于空气阻力的研究

模仿大自然的造物制成载人飞行的机器，这个念头让达·芬奇无比着迷。为此，他展开了一系列有条不紊的工作：观察、设计、测量、试验。周而复始，不断完善。

达·芬奇的首选研究对象是鸟类。他的天才之处在于对动物加以抽象的提炼，使之成为机械设计的参考模型。简单地说，鸟类就是一台飞行器，人类要做的就是观察并记录鸟类的所有动作，然后模仿它们。要知道，在达·芬奇所处的时代，人们并不认为动物具有意识和灵性。换句话说，鸟类并不知道自己能够飞翔！从这一角度看，鸟类只是大自然为了飞行而创造的一部有血有肉的机械而已。因此，人类绝不可能"像鸟儿一样"凭借自身的力量飞翔，而是必须先充分了

鸟类的秘密

Le secret des oiseaux

人类从诞生之初就在观察鸟类的飞行，暗自期望某一天能够模仿它们，飞向天空。达·芬奇对托斯卡纳乡村地区的鸟类研究之所以与众不同，是因为他从中得出了惊人的结论：对鸟类而言，最困难的不是如何起飞，而是如何在流动的空气中维持平衡！他准确地描绘了飞行生物能维持微妙的平衡，得益于它们在飞行中细小的动作以及面对横风或侧面来风时身体巧妙的倾斜。通过观察研究，从地面起飞和在空中保持平衡在达·芬奇的头脑中成为了缺一不可的两大飞行要素。

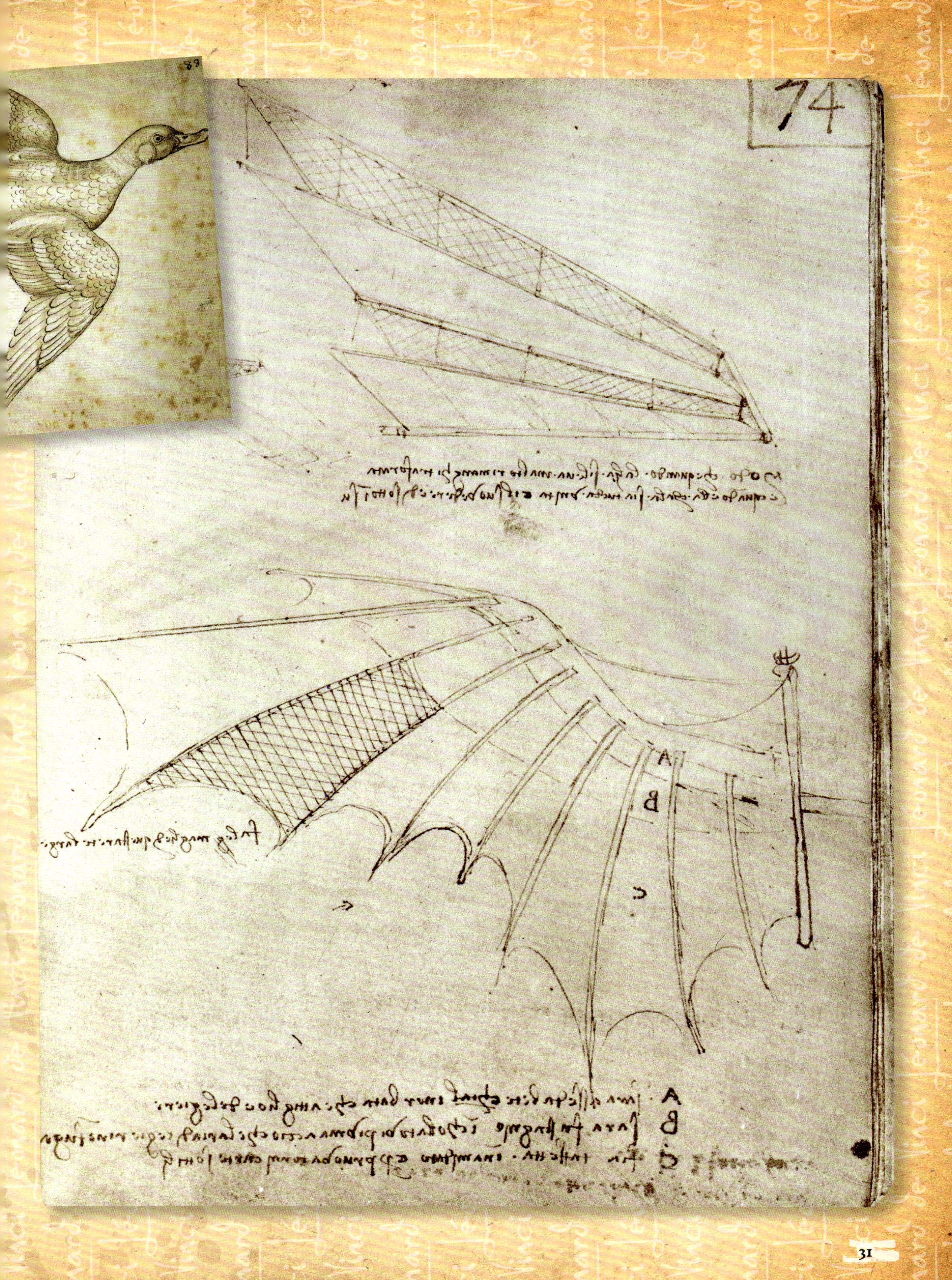
74
A
B

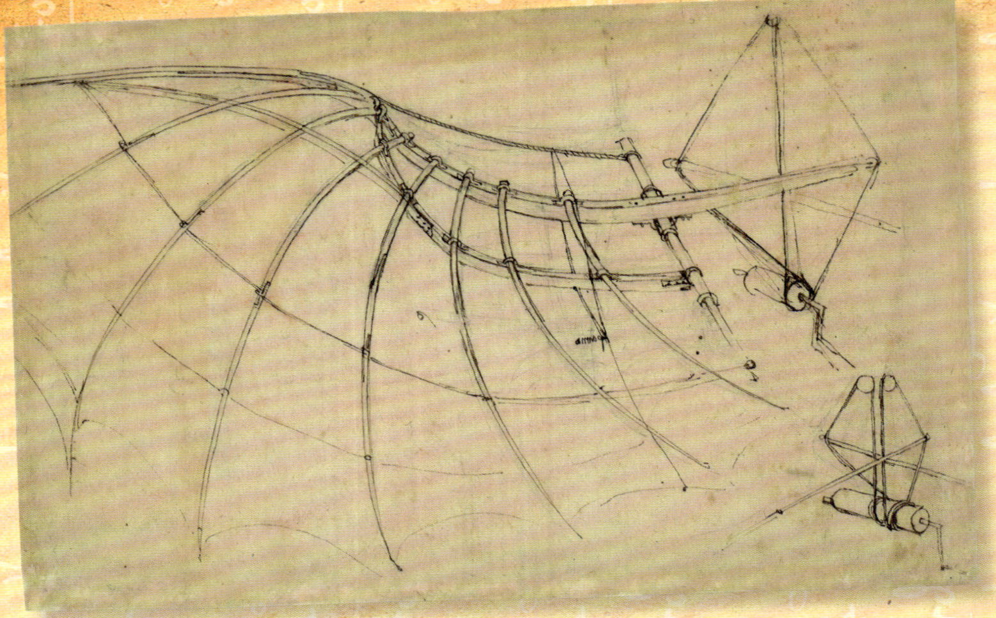

关于机械翼的研究，1488—1489年。纸本画，《大西洋古抄本》第858r对开页。▲

险，为此，必须将飞行生物的所有姿态一一拆解，从而估算飞行中各个阶段所施加的力量。

解飞行的独特原理，制造出梦想中的机器，凭借人的才智而不是大自然的恩赐解决问题。

人绝不可能变成鸟，因为“人体肌肉和骨骼的自重比任何鸟类都要大得多”。因此，人类必须掌握从地面起飞和在空中维持平衡的双重技巧。起初，达·芬奇凭直觉想到，空气是可压缩的，它对鸟的身体形成阻力的同时也提供了支持，那么对于飞行器也是同样的道理。大自然的气流中时常产生难以预测的气旋，有时甚至十分危

从飞行器到旋翼

为了从观察中得出一个科学的结论，达·芬奇开始着手进行一项有意思的研究，精确计算鸟类的体重，记录其体重与翼展的比例，根据计算得出的比例推导出飞行器的翼展宽度达到多少时，才能够承受人体的重量：“假设一名成年男子的体重为200磅（1磅≈454克，译注），用于起飞的机翼和滑轮重150磅，机器须产生三百多磅的力，在双翼作用下方可起飞。”

达·芬奇对蝙蝠也进行了同样的研究，仔细观察狭长的蝠翼在蝙蝠休息时如何折叠收起，而不是像鸟类那样贴在躯干两侧。

对大自然的合理模仿

Une imitation raisonnée de la nature

《大西洋古抄本》第858对开页是达·芬奇飞行器最精美的图纸之一。这架飞行器直接从蝙蝠身上汲取灵感，巨大的机翼像薄膜一样张开在框架结构上。机翼固定在一块放置在地面的木质构件上，该构件重约六十千克，大致相当于人类的平均体重。最后，通过结构清晰的杠杆结构，人可以操纵扇动机翼，使木质构件升到空中。为了打造这架机翼，达·芬奇指出应当使用更轻的材料，例如皮革、真丝、塔夫绸、灯芯草或柳条等。此外还必须尽可能小心地润滑连接机器各部分的绑带，并用金属弹簧保障部件的来回运动。

超前的降落伞设想

La préméditation lointaine du parachute

达·芬奇深信，作为客观存在的物质，空气的厚度能够减缓垂吊在布匹下的物体下落的速度。在这一思想指导下，达·芬奇在1485年左右设计了首个跳伞项目，他设想对空气施加一定的压力，以此来保障佩戴装置的人从“高处”安全降落！从这一设想出发，他将设备设计成规则的金字塔形，基底长度与整体高度相等（7.20 m）。为了更好地利用空气阻力，装置整体覆盖了一层经过上浆处理的亚麻布，这可以确保完全密封，有效降低了物体垂直运动的速度。

一切记录完毕之后，发明家便开始迫不及待地根据图纸进行设计和试验，用实践结果证明计算的精确度。值得注意的是，达·芬奇的手稿不仅是工程设计图，它们更承载了他的梦想，尽管这些图纸像解剖刀一样精确地表现了现实，但我们仍然从中看到了达·芬奇充满梦幻的精神世界。

此外，具有传奇色彩的扑翼机的设计[“扑翼机”(ornithoptère)一词由希腊语“鸟”(ορνιθος)和“翅膀”(πτερον)两个词构成]大大激发了达·芬奇的想象力。当时机翼的设计可能直接借鉴了他绘制的解剖图。在《巴黎手稿》和《大西洋古抄本》中可以看到精美绝伦的图纸，机器覆盖着一层呢绒，可以由曲柄绞车驱动，同时满足了艺术爱好者的品味追求和工程师的严格要求！作为名副其实的文艺复兴代表人物，或许达·芬奇也想过，这些机器设计得如此精美、如此清晰严谨，一定能够证明它们的实际功效与视觉效果同样完美！

关于螺旋桨的梦想

在《巴黎手稿》B部分中，人们发现达·芬奇早在1490年左右就绘制了直升机的模型。芦苇编织成的圆锥体上方是直径约4 m的大螺旋桨，由张开

▼ 旋转螺杆，1490年左右。铅笔画，手稿B。

旋转螺杆

La vis aérienne

第一个亟待解决的问题是如何起飞。达·芬奇设想出一台巧妙的装置来解决这个问题：底部是一个巨大的弹簧底座；中间的螺杆在弹簧作用下旋转；上部是一架大型螺旋桨，在螺杆驱动下实现装置的抬升。此时的达·芬奇已经认识到空气可以在压缩中产生阻力并支撑鸟的身体，他由此得出结论，就像螺钉穿透固体一样，他的机器也可以停留在空气中，而局限之处在于它只能向高处行进。

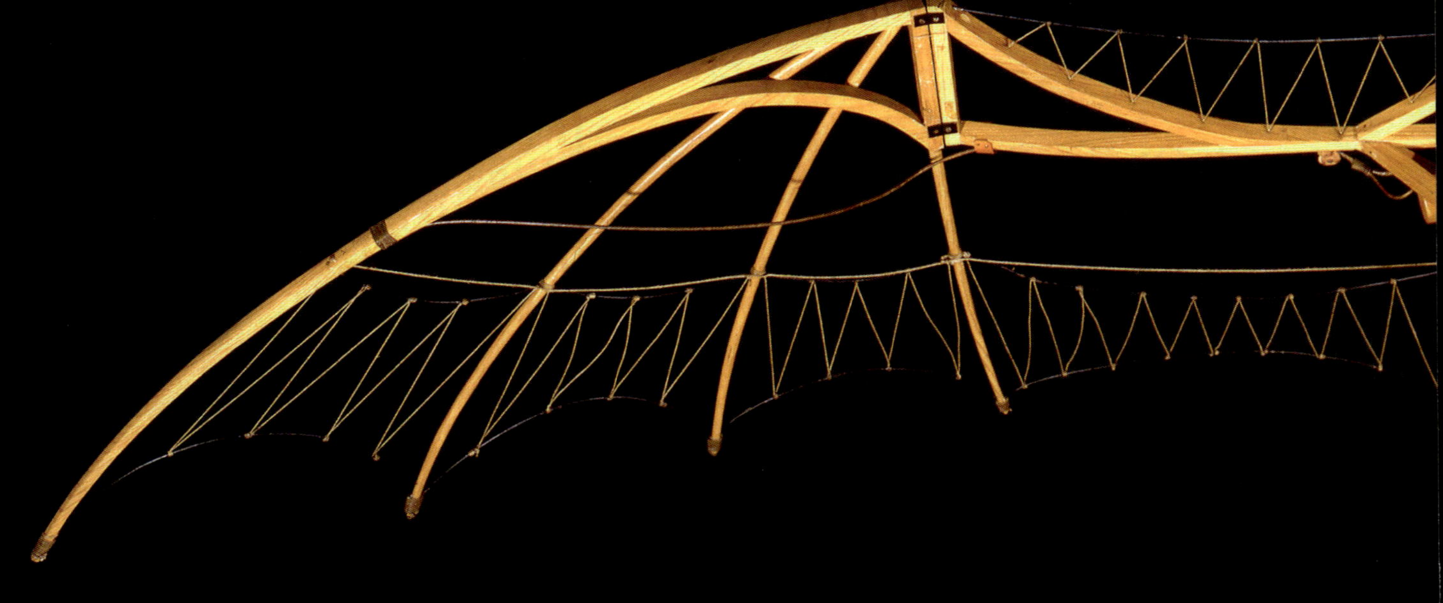

根据达·芬奇的设计图▲
制作的滑翔机模型。

在骨架上的织物构成。毫无疑问，发明家借鉴了中国的风筝，采用了轻薄宽大的织物。

达·芬奇去世之后，米兰的达·芬奇科学技术博物馆的工程师直接根据达·芬奇的设计图制作了一台木质模型，以便更好地理解发明家达·芬奇的设想。通过强有力的弹簧带动中央的螺杆转动，然后再松开，上部双螺旋快速旋转，提升装置离开地面。

滑翔

从1503年起，达·芬奇对鸟类飞行进行了更系统的研究，其中大部分成果都记录在现存于都灵皇家图书馆的一份手稿里。艺术家再次从大自然汲取灵感，借鉴了鸢等大型猛禽上升滑翔的技巧，设计出新一批飞行器。

这些超前于时代的滑翔器设计草图或许是达·芬奇最接近梦想的一步。米兰博物馆的工程师据此制作了木质模型，以更好地理解这台机器的运作原

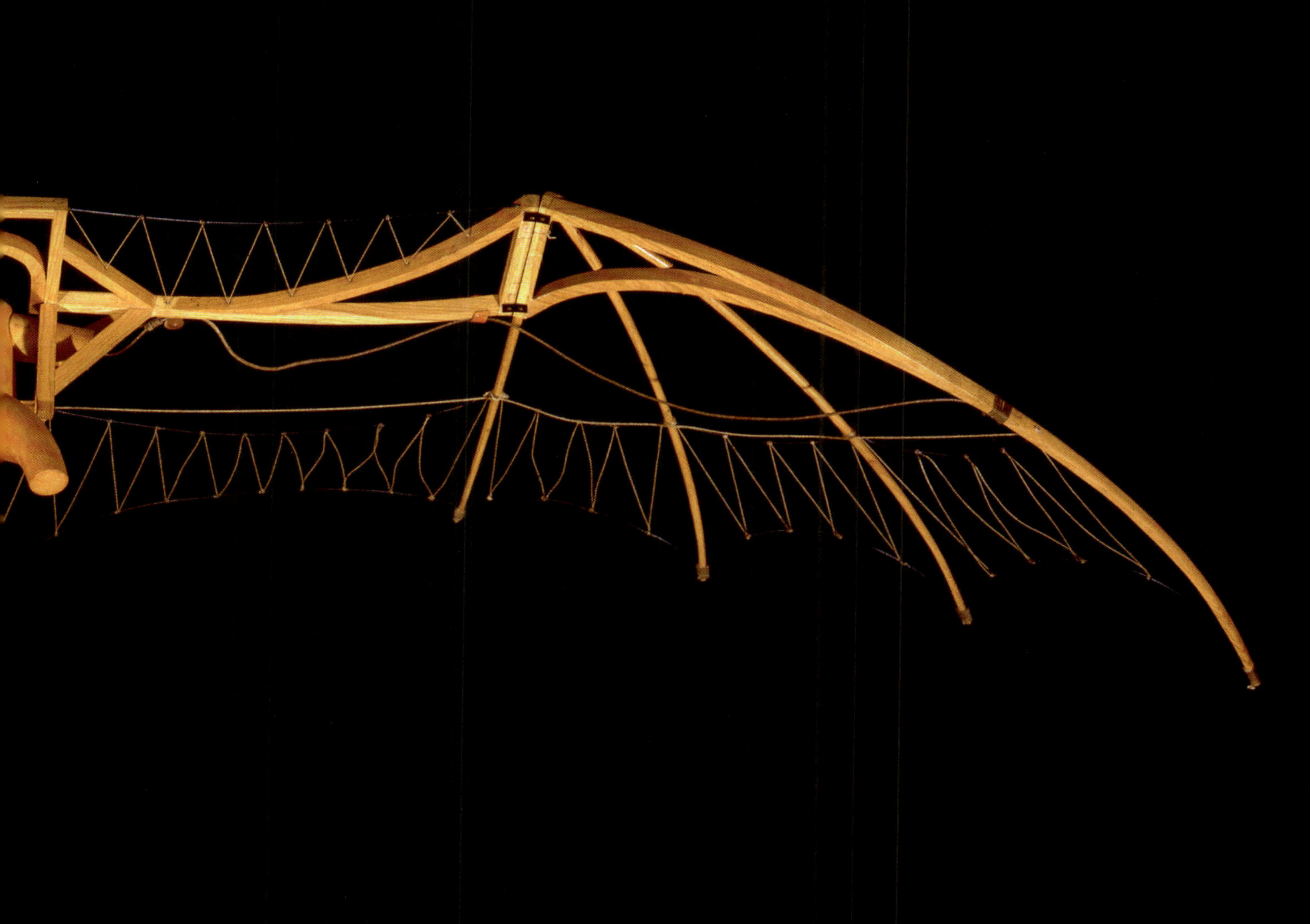

理。滑翔机的翼展达到了十余米，虽然体量宽大，但整台机器仅由帆布和木材制成，采用简单的绳索将其连接为整体，材料的轻薄弥补了重量的缺陷。达·芬奇严谨地研究了鸟类飞行的路径并据此对机器进行了完善，根据风力和风向将普通的飞行路线调整为螺旋式路线。

发明家在设备正中间设计了一座木质圆舱，设想在木舱内可以搭载一名驾驶员，控制飞行器的方向。由于缺乏动力装置，机器总会从高处回落。达·芬奇为设备测试选定了理想的地点：菲耶索莱附近的奇奇里山（Mont Ceceri），距离佛罗伦萨很近。

后世的见证

在达·芬奇的书信和笔记里，凡是涉及人类飞行梦想的部分，我们都能从中读出某些凝重的意味。随着岁月流逝，达·芬奇的设想越来越多，却没有具体的成果，我们可以看到他越来

《天使报喜》（细节），1472—1475年。油画，现存于佛罗伦萨乌菲齐美术馆。（译注：详见第86页图。）

越怀疑对大自然的单纯模仿是否真的有效。意识到测量鸟和蝙蝠的体型、重量和翼展面积并不足以解开飞行的奥秘之后，他转而开始探寻其他模型。因此，我们看到他开始钻研动物和人体的解剖构造，例如达·芬奇对人类的手部尤其感兴趣，从五指张开到握紧拳头的各种形态，都留下了大量记录。

达·芬奇对于研究和试验的狂热体现了意大利文艺复兴的特点，这段经历也再次让人们认识到，飞行是人类最古老的梦想之一，但从伊卡洛斯（译注：Ἴκαρος，古希腊神话人物，用蜡和羽毛制成翅膀飞上天空，因为飞得太高，双翼上的蜡被阳光融化，跌落海中丧生）开始，飞行也始终是人类注定要失败的宿命。没有任何人在活着的时候利用自己的发明创造飞上天空，甚至没有任何一台飞行器真正被制造出来。当然，人类飞向天空的时机还没有到来。而达·芬奇作为一位真正的梦想家，直到最后依旧坚信，人类可以飞行。后人证明他确实是对的。

以人手为模型

La main humaine comme modèle

在《大西洋古抄本》中，第844对开页是一幅精密的“机械翼”草图，明显参考了人手的骨架结构。四条修长的指状结构从垂直的支撑架上伸出，形成三个支承面，彼此间由弹簧铰接，使机翼可以自由扇动。达·芬奇在这幅设计图旁用镜面体写下了细节说明，反向的字迹让人难以阅读。其中神秘的“onroc di ob”似乎是“corno di bo（牛角）”的变相拼写，就像令人费解的“elitalov”一词其实指的是“volatile（家禽）”。这幅图中的“机械翼”设计后来同样被制成了模型。

铰链连接的人造翼设计图，1508年左右。纸本画，《大西洋古抄本》第844r页。

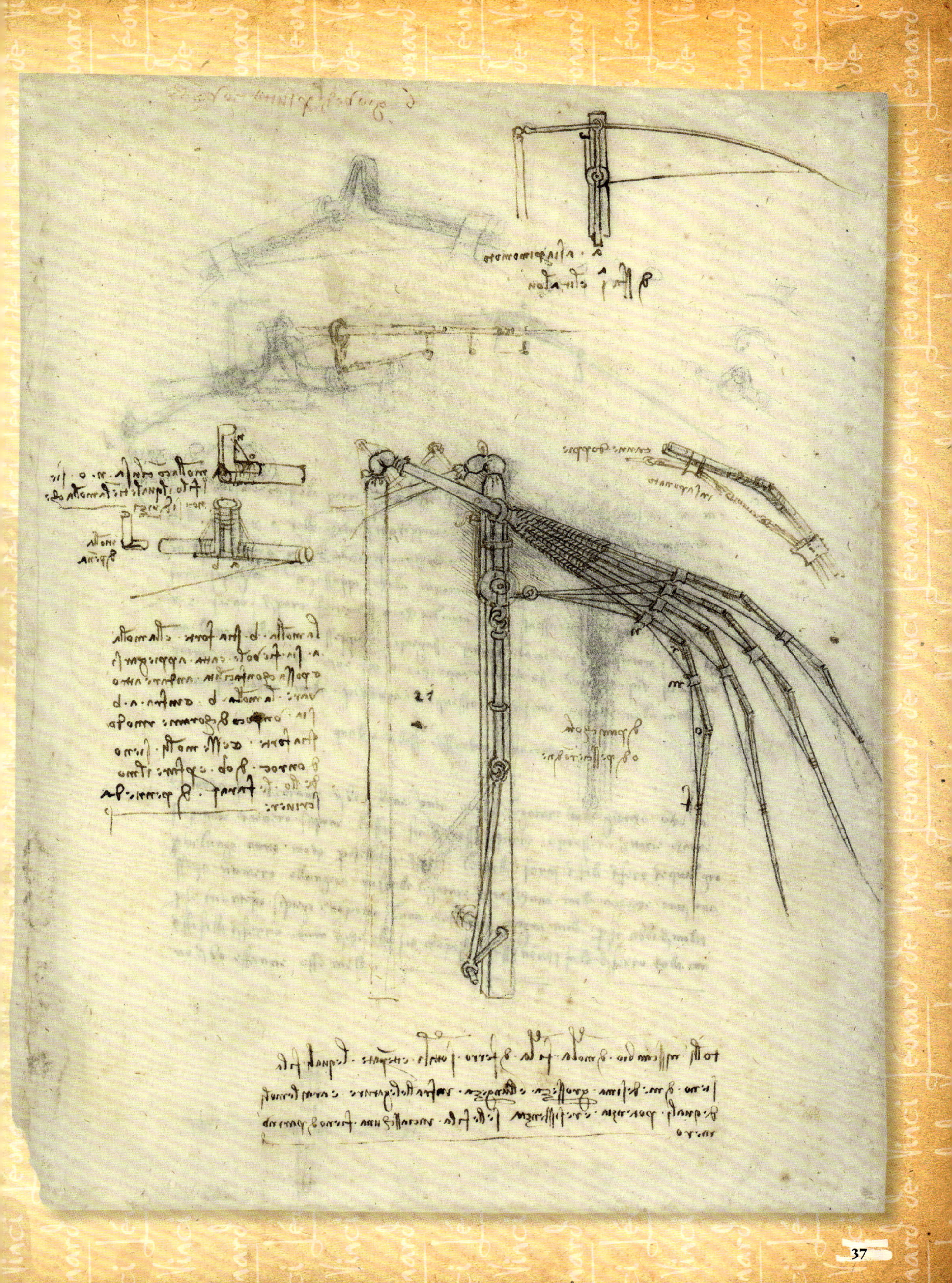

探寻人体奥秘

À la recherche des mystères du corps humain

16世纪初，人类开始关注人体的奥秘。在达·芬奇设计的机器中，即便是最巧夺天工的作品，也无法在复杂性方面与人体相媲美。人体构造无比完美，然而死后却化为泥土尸骨无存。出于对人体奥秘的好奇，达·芬奇时常出入米兰和佛罗伦萨的停尸房，现场观摩甚至亲自动手进行尸体解剖，并将一切所见以绘图的方式记录下来，构建了一座丰富的人体知识库。

人体比例图（《维特 ≫ 鲁威人》），1492年。渲染纸本画。

达·芬奇30岁时身居米兰，重点对人体肌肉、骨骼以及各个肌肉附着点进行了研究。1502年至1507年间，移居佛罗伦萨的达·芬奇则致力于研究人体各个器官的功能。

缜密的研究

达·芬奇对内脏和血液的研究始于花甲之年，他认为人体血液流动与植物液流的原理相似。他逐步绘制出人体内部构造图，并对大多数人体活动和感官功能做出了合理的解释。尽管在部分世人眼中，这张图荒谬至极，纯属无稽之谈。另外，他还特别专注于对眼睛的研究（对于一位画家来说，这种对眼睛的特别关注并不难理解）。

维特鲁威的智慧

毋庸置疑，达·芬奇绘制的最出名的人体构造图非《维特鲁威人》莫属（《维特鲁威人》是达·芬奇根据约一千五百年前古罗马建筑家维特鲁威在《建筑十书》中的描述，绘出的完美比例的人体）。维特鲁威是罗马帝国的伟大建筑师，他设计的古迹建筑以及总结出的建筑比例规律为文艺复兴时期的各项研究提供了灵感。而达·芬奇的作品则稍有不同。维特鲁威曾将人体图案分别置于两个经典的几何图案（圆形和方形）中，在一千五百年之后，吸引文艺复兴时期所有艺术家争相效仿。而达·芬奇则综合了维特鲁

初探：骨架结构

L'ossature, première préoccupation de l'artiste

达·芬奇所绘制的人体构造图以肌腱结构清晰细致著称，但其实骨架结构才是达·芬奇最初的研究对象。通过《达·芬奇笔记》（“解剖学”部分）中的注释文字，我们能够更好地理解这幅在足部和小腿颇下功夫的解剖图——“首先，将每一块骨骼分离出来，而后将每块骨骼的每个部分翻转排列，或将每块骨骼向分离位置翻转，之后再将每块骨骼放回原位时，也是朝向这一位置翻转。此项操作的目的，是让人们更清楚地认识自身每块骨骼的形状。”

威提出的两套模型，并在其基础上有所超越。

事实上，两套模型嵌套之后，已经呈现出人体的运动。圆形中的人体手臂上举，腿部分开；而方形中的人体，手臂平举，双腿合并。达·芬奇是想借此说明运动是生命的表达形式，它不仅是有生命体的一种特性，也是其存在的必要条件。文艺复兴时期一度名噪欧洲的意大利思想家圣托马斯·阿奎那正是从运动中找出了最早能证明神存在的依据。或许通过这幅《维特鲁威人》，我们可以得知达·芬奇所绘的人体结构图并不局限于一个简单的机械问题，而是已经触及一个神圣的维度。

观察人体

在达·芬奇生活的时代，人的身体始终是人们关注的焦点。达·芬奇绘制的人体构造图通常配有详细的文字注解，说明达·芬奇并不是为了临摹人体构造、磨练绘画技巧，而是将绘图作为解剖研究的一种表现形式。在1510年发表的人体构造专著的前言中，达·芬奇对该专著的写作目的进行了清晰阐释：

“要让读者直面自身，就如同眼前面

心脏与肺部结构图。纸本画，现存于皇家图书馆，编号19073v–19074 v。

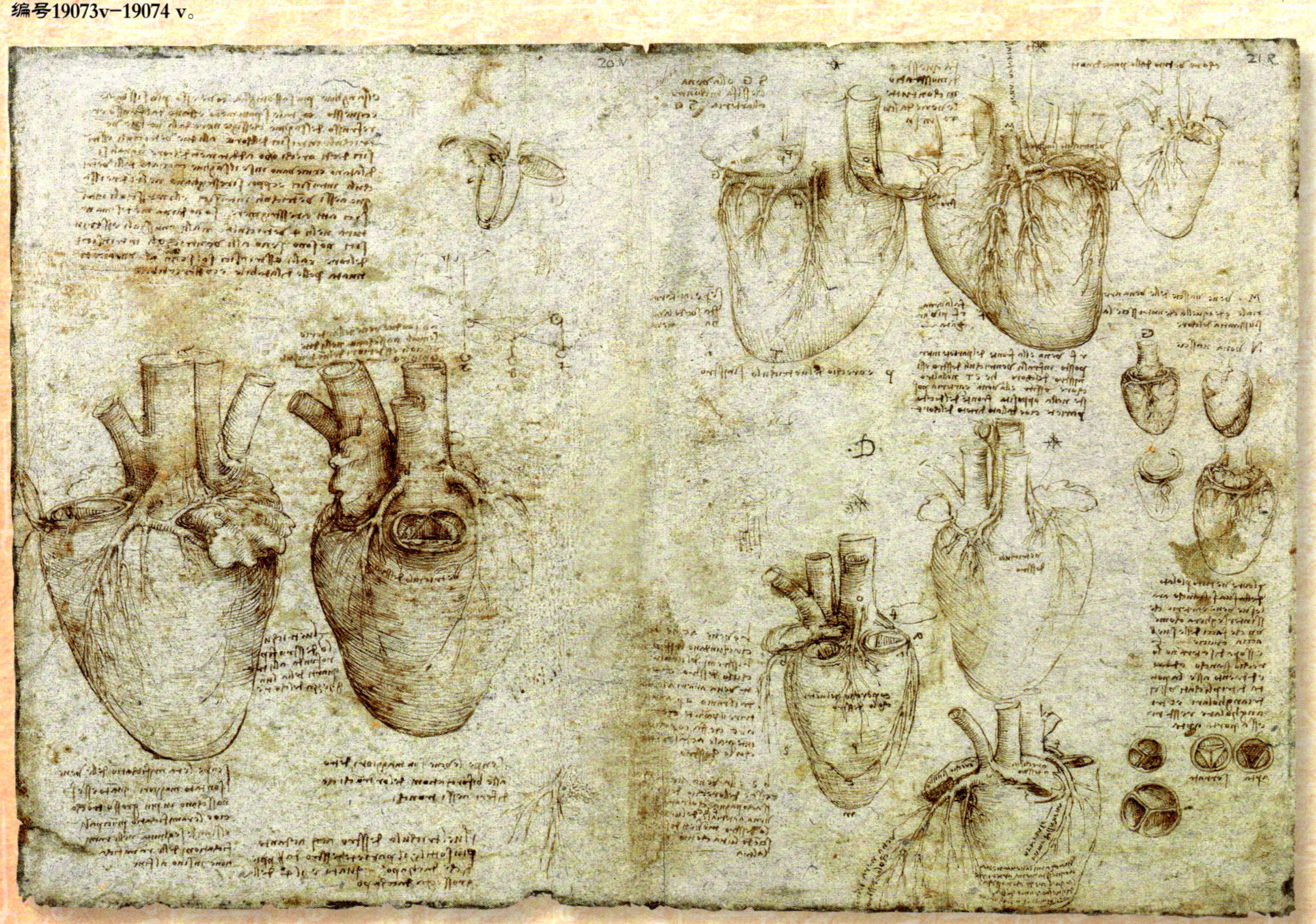

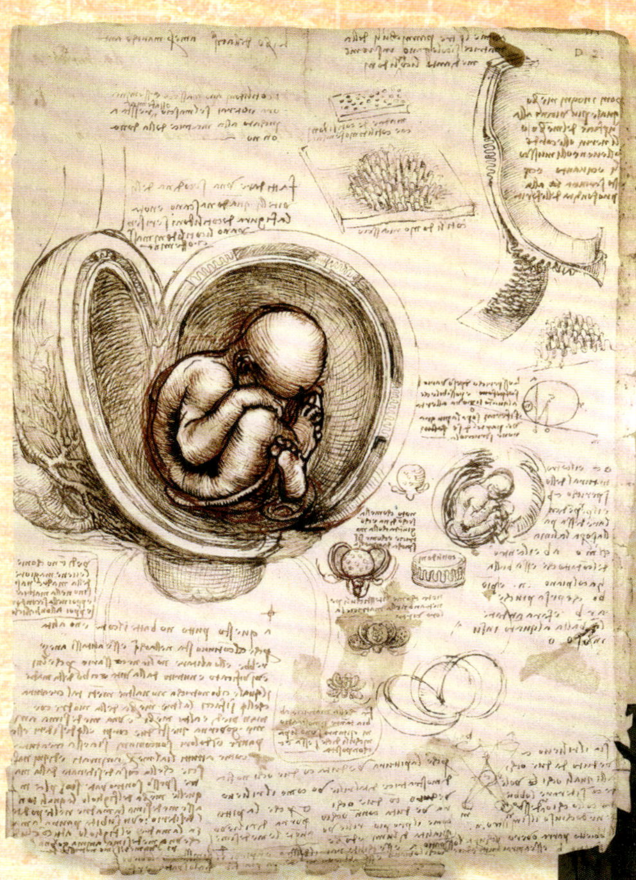

《胚胎研究》，1512年左右。墨水及黑棕两色粉笔绘制，节选自《生殖与人体内部结构原理图示与笔记》。

对的是一个真实站着的人。”

达·芬奇认为，科学才是人文主义所追寻的真谛。他与解剖学教授马肯托尼欧·德拉·托雷往来密切，并曾与托雷教授在帕维亚大学合作，细致入微地描绘了尸体的各个器官，并由此推测活人器官的运作规律。

关于胚胎的幻想

年过六旬之后，达·芬奇总结了多年观察研究的结果，创作了这幅胚胎图，图中胚胎尚处在子宫中。诚然，由于达·芬奇从未有机会解剖孕期妇女尸体，这幅画作难免有一定局限性。在医学专家眼中，这幅画想必存在诸多谬误，但在当时，达·芬奇已经为世人呈现了妊娠这一自然现象的解剖学原理，奠定了解剖图像和医学图像在之后一个世纪内的发展基础。

在科学家看来，这幅胚胎图或许存在误差，但对于普通大众来说，它与现代超声图像已十分接近，只不过具有鲜明的达·芬奇的个人艺术风格。

《最后的晚餐》（细节部分），安德里亚·比安奇（又名维斯皮诺）根据达·芬奇原作临摹而成，1494—1498年。油画，现存于米兰安布罗西亚纳图书馆。图中描绘的是圣西蒙和犹大的手。

对“手”的痴迷

La fascination pour la main

达·芬奇在多幅作品中展现了人体手部的五种不同形态，通过现存的达·芬奇手稿（《解剖学》部分），我们可总结出这位伟大画师的理念：“呈现人体手部形态和特征，第一步，需要确定手部的骨架结构；其次，连接各块骨骼的韧带和神经；第三步，丰富附生于骨骼的肌肉；第四步，初步确定指总伸肌腱，这条肌腱一直延伸到指节的末端；最后一步，细化其余肌腱，这部分肌腱起到控制手指整体运动的作用，并延伸至手指的倒数第二块骨骼。”

对动物世界的思考

Réflexions sur le monde animal

达·芬奇终其一生都未停止对动物世界的探索。他不但对已灭绝的动物充满好奇，是最早解释化石存在的学者之一，而且对现实中的动物也有所研究。无论是野生动物还是家畜，常见动物还是罕见的珍禽异兽，他都表现出极大的兴趣。奇怪的是，大多数时候，达·芬奇选择通过文字来记录和表达他对动物的热爱与研究，而非通过绘画。

在诸多与动物相关的课题中，达·芬奇最关心的莫过于动物与人类的关系。他的研究囊括了所有与人类的动物属性相关的内容，特别是形态以及肌肉和器官运作。

人，最高级的动物

与当时教会的主张相反，达·芬奇认为人类不过是“最高级的动物”。他对不同动物物种重新加以分类排列，在此之前，盛行中世纪的分类法只是简单地将动物分为五类：四足类（包括独角兽）、鸟、鱼（包括鲸鱼）、蛇以及虫（包括各类昆虫）。

生物分类学先驱

可以说自老普林尼（盖乌斯·普林尼·塞孔都斯，公元79年在维苏威火山爆发事件中不幸遇难）之后，“动物学”作为一门学科始终没有出现标志性的进展。与达·芬奇同时代的人们对于这门学问鲜有热情，因此，达·芬奇的大部分相关著作在其辞世之后才为世人所知。在研究动物时，达·芬奇采取了和研究人体相同的方法——解剖。通过解剖来了解动物的生理特性，并时常与人体这一标准模型进行对比参照。通过这种方法，达·芬奇将人的手足与猩猩等跖行动物对比，将人的腿部与马腿对比，将人的大脑

猫——宠物和研究对象

Le chat, sujet d'étude et d'admiration

在达·芬奇看来，猫是讨人喜爱的研究对象。一方面，这种娇小的生灵拥有极佳的柔韧性，可以呈现出许多姿势和体态。在《温莎手稿》中，达·芬奇以整版篇幅描绘了猫的各种奇异姿态，既有针对一只猫的单独特写，也有同时对好几只猫的描绘。另一方面，通过仔细的观察，达·芬奇得出结论：猫的感官十分灵敏，最接近动物的自然本能，拥有甚至比人还发达的视觉和嗅觉，因而能够避开所有障碍物。

◀ 公鸡，绘制于1505年左右。纸本画。

▼ 牛头，绘制于1505年左右。纸本画。

鹌鹑，绘制于1505年左右。纸本画。

结构与牛脑对比，将人的肺部与猪肺对比……

《鸟类飞行手稿》

尽管在现代人看来，达·芬奇对于动物的研究与现代科学研究结果有着惊人的相似，但由于缺少收录达·芬奇所有观察结果和结论的综述性著作，我们仍无法从大方向上对他的研究进行定性分析。

《鸟类飞行手稿》是个例外。这本著作完成于1505年，以镜像体书写而成。然而，只要仔细阅读这部著作就不难发现，达·芬奇的关注点局限于自然赋予鸟类的飞行本领，这在其绘制的飞行器草图中体现得更为明显。达·芬奇将大部分时间投入到对鸟类翅膀的细节研究上，也由此得出了一个令人震惊的结论：飞行中鸟类的重心与压力中心并不重合。

关于马的研究

在达·芬奇潜心描绘过的动物中，马的地位是不可忽视的。达·芬奇对于画马的执着，实际上有一个重要的原因：他曾两次受托创作骑马像雕塑，并为此付出了漫长的时间，结果却不尽人意。第一次是在1490年，达·芬奇在米兰接受了"摩尔人"卢多维科·斯福尔扎之托，设计了一尊大型骑马像；第二次则是在1508年至1510年间，同

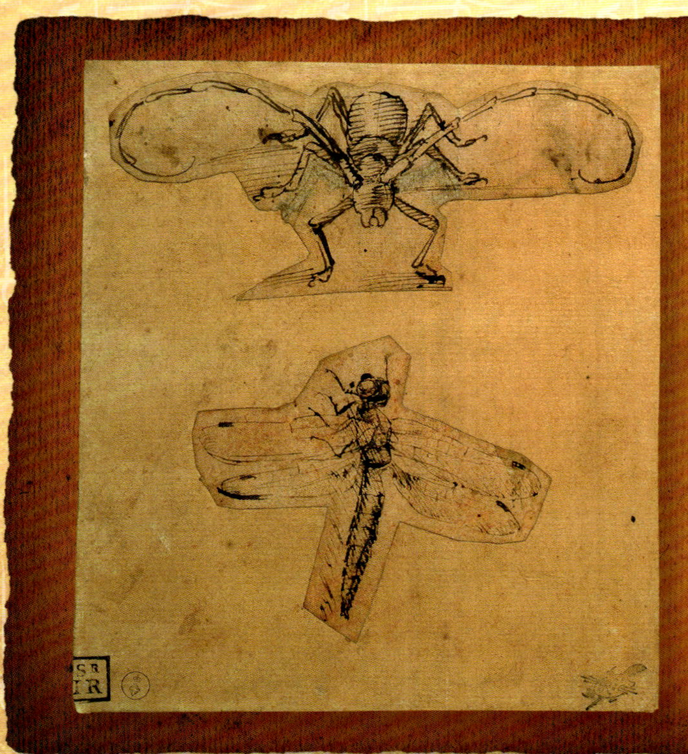

自然飞行之谜

Les secrets du vol naturel

在对飞行条件的无数次研究中，达·芬奇格外专注于鸟类、蝙蝠、飞鱼（多出现于温暖海域）以及昆虫的飞行。除苍蝇、蝴蝶和蚊虫外，拥有突出头部、修长身躯和透明大翅膀的蜻蜓同样吸引了他的注意。蜻蜓飞翔时身姿轻盈，达·芬奇发现，蜻蜓的前后翅膀各自独立，因而可以完成向后飞行和在空中盘旋的动作，并且飞行速度很快。这位昆虫学（动物学的一部分，研究对象为昆虫，广义上也包括陆地节肢动物）的鼻祖还进行了很多诸如此类的思考与研究。

昆虫草图：天牛与蜻蜓，1505年左右。墨水画。

样在米兰，达·芬奇为法军统帅特里乌奇奥设计了一尊骑马像。两次创作均体现了达·芬奇关于人与动物的思考：他将人的腿部与马腿进行对比参照，描绘了马在人立、休憩、飞驰、漫步和疾走等不同动作下的体态。

未完成的梦想

在生命的最后阶段，达·芬奇最后一次创作马形雕塑，这座雕塑原本可能成为弗朗索瓦一世的纪念碑。令人动容的是，直到生命的最后一刻，达·芬奇都未曾放弃用静止的雕像表现飞奔的战马的梦想。可惜的是，铜铁在战场之上要有用得多——战争的疯狂摧毁了艺术家的宏伟设想！不过，达·芬奇的梦想也许并没有完全被摧毁，一些专家认为，现存于布达佩斯国立美术馆的一座小型青铜骑马雕像足以让我们领略达·芬奇高超的雕塑技巧。这座铜雕塑表现了一匹骏马人立的模样，极具表现张力，让人不由得联想到《安吉亚里战役》中的形象。

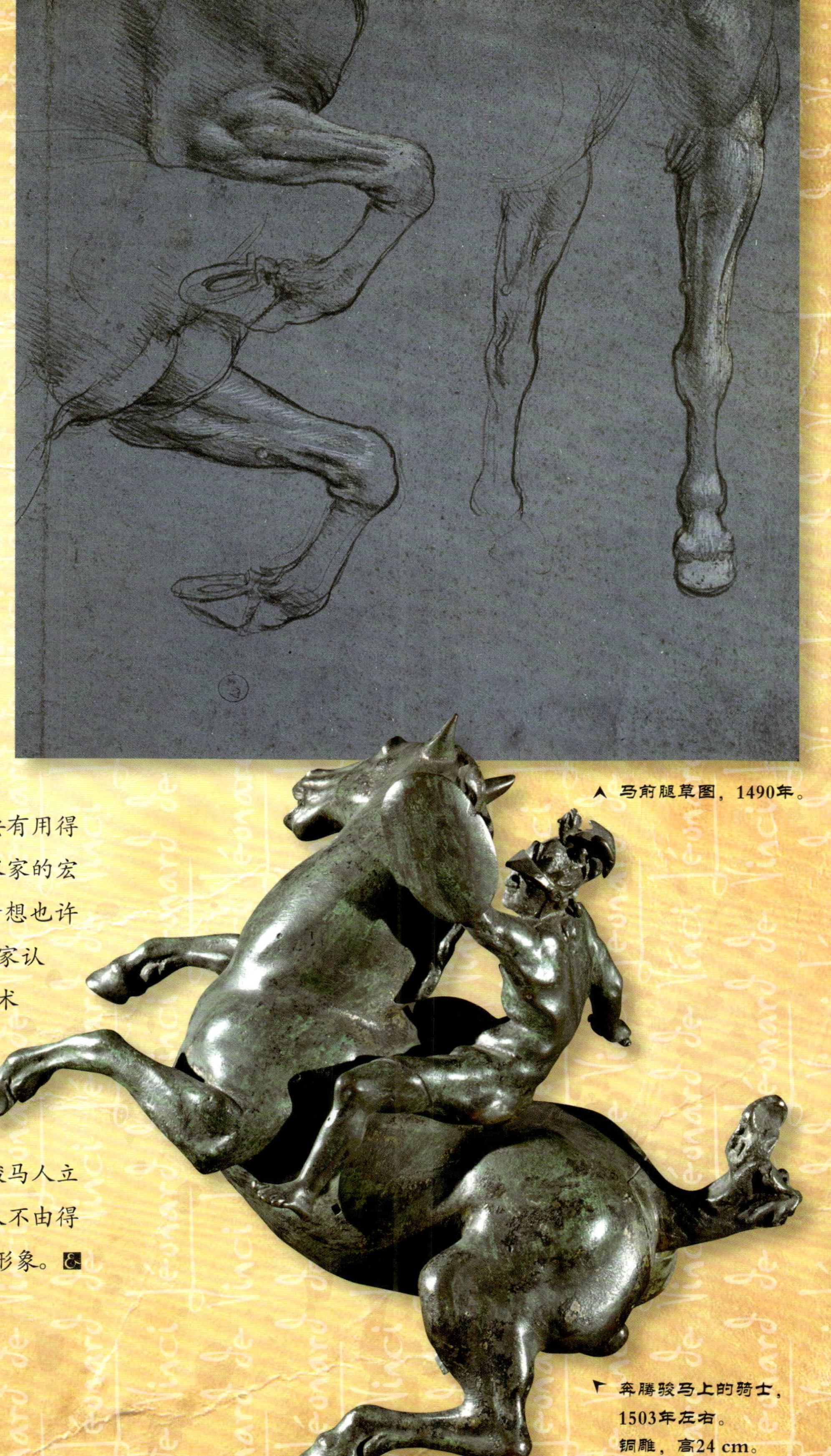

马前腿草图，1490年。

奔腾骏马上的骑士，1503年左右。铜雕，高24 cm。

达·芬奇的资助者

Les mécènes de Léonard de Vinci

达·芬奇本可以在佛罗伦萨度过一生，但在他所处的时代，艺术家们不得不依靠资助者来维持艺术创作。1482年，达·芬奇离开位于佛罗伦萨的美第奇宫廷，迁至米兰并为斯福尔扎家族效力。自1516年起，达·芬奇迁居法兰西，并在法国宫廷迎来了他艺术生涯的顶峰。

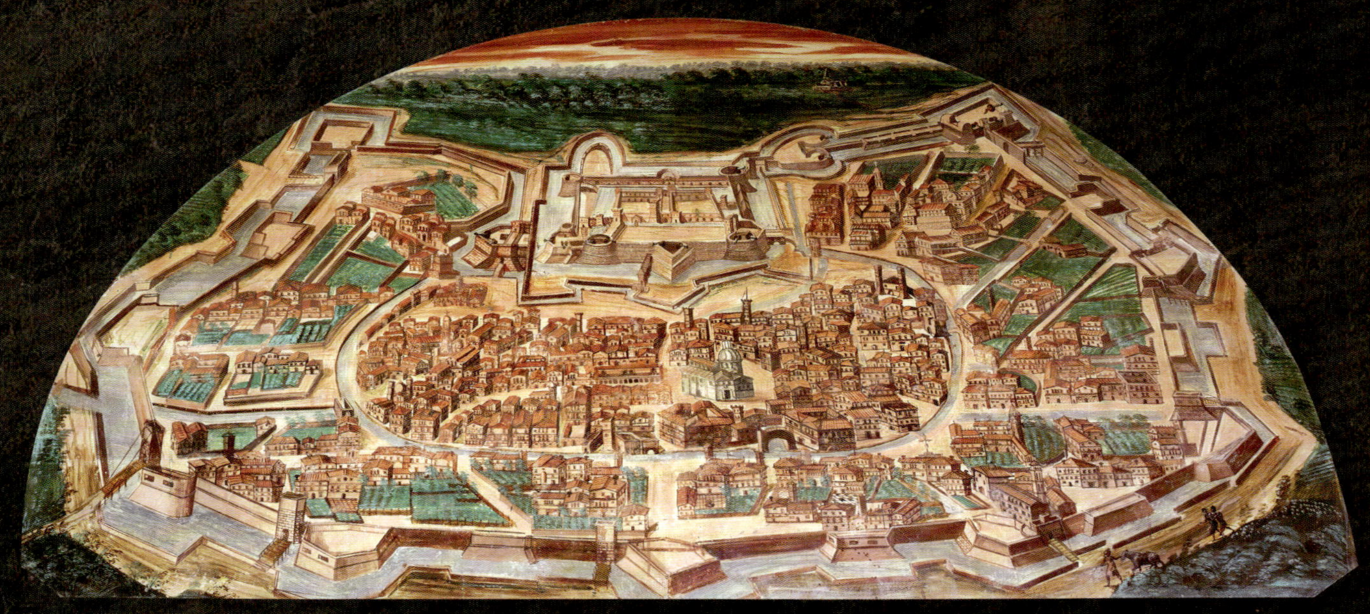

16世纪的米兰。▲

1482年春天，达·芬奇致信米兰公爵卢多维科·斯福尔扎，在信中表明自己愿为其效力（见124页的信笺）。

从佛罗伦萨到米兰

值得注意的是，在给米兰公爵的信件中，达·芬奇以"军事工程师"、长廊开凿和吊桥建造专家自居，声称自己擅长海上作战及火炮制造。此外，在信的最后一段，达·芬奇介绍了自己在建筑、绘画和雕塑方面的才华，并在结尾处表明自己准备帮助公爵实现梦想——为公爵之父打造一座骑马像纪念碑。

如此谦卑的态度或许令人吃惊，但事实是当时还未实现民主，任何一位拥有贵族血统的人都拥有高于艺术家的社会地位。在等级制度如此森严的社会环境中，达·芬奇明白，他必须为自己争得创作和思想的自由。

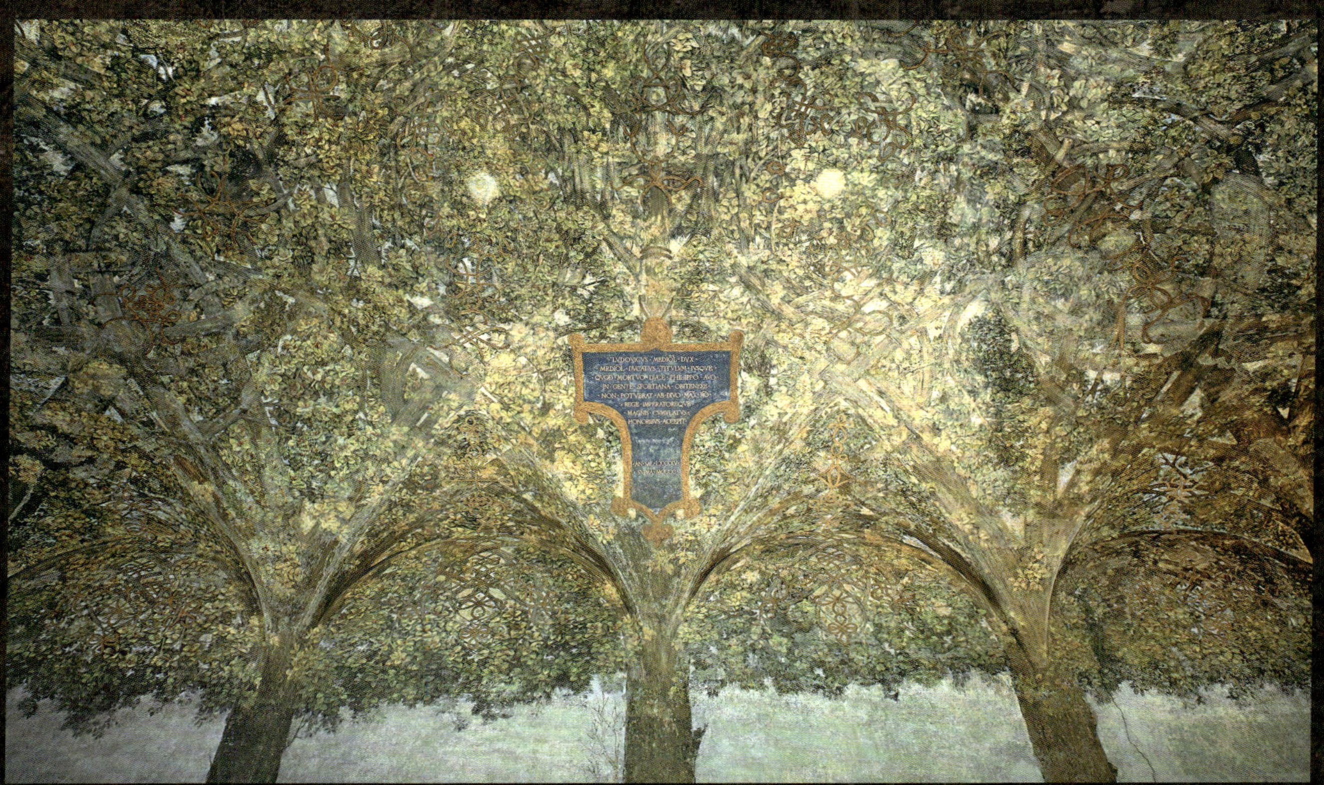

▲ 天轴宫的植物装饰（细节），1498年。米兰斯福尔扎城堡。

在米兰宫廷的经历

米兰是欧洲的第三大城市，仅次于巴黎和伦敦。当时的统治者斯福尔扎家族正在寻找能够帮助他们树立和传播家族名誉的艺术家。这也解释了为什么达·芬奇在初到米兰时表现得如此谦卑。而当多纳托·布拉曼特和安布罗乔·德·普瑞第斯先后被任命为宫廷建筑师和画家时，达·芬奇仍在做着最微不足道的工作，微薄的薪水比沉重的责任更让他忧心忡忡。但是在米兰，他可以自由地发挥艺术主张。相比于在佛罗伦萨，艺术家在这种贵族等级制度森严的社会中能够获得更多的尊重。若不是历史的机缘巧合，达·芬奇或许会在米兰度过一生。

从威尼斯到佛罗伦萨

与其他时代相比，文艺复兴时期的艺术家们尤其需要资助者的支持，这些

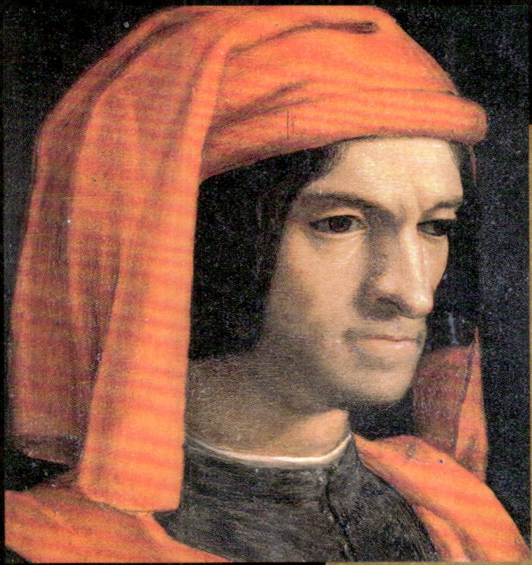

◀ 洛伦佐·德·美第奇肖像。16世纪。

伟大的洛伦佐

Laurent le Magnifique

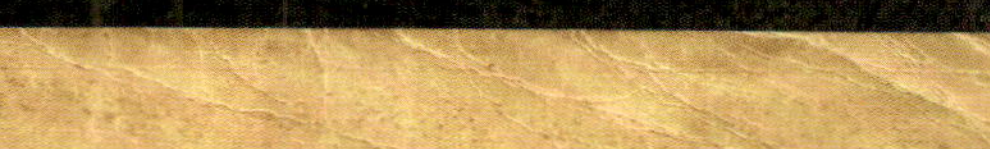

洛伦佐·德·美第奇，又被称为“伟大的洛伦佐”，出身于富裕的金融世家，是文艺复兴时期佛罗伦萨最知名的统治者。洛伦佐颇具外交官和政客的天资，长期资助包括米开朗基罗在内的众多艺术家（也包括达·芬奇）、作家和学者。他自己也曾创作诗歌，热爱骑士比武与射猎。他是文艺复兴时期的标杆性人物，也是15世纪的人文主义大家。

富有的人们通常来自教堂或出身贵族，抑或是两者兼备。1500年，法军攻破了斯福尔扎家族的城堡，达·芬奇也被驱逐出米兰。伟大的艺术家取道威尼斯，途经曼图亚，回到了承载着他青春记忆的佛罗伦萨。

达·芬奇猜想，在这里总该会有贵族来资助他的艺术创作。时至1502年夏末，教皇亚历山大六世之子切萨雷·波吉亚（又名恺撒·博尔吉亚）已经攻占了罗马涅地区，这位野心家希望在征服的土地上建立全新的王朝，然而父亲的暴毙让他的梦想在一夕间破

卢多维科·斯福尔扎肖像，乔瓦尼·安东尼奥·博塔费奥作品。

卢多维科·斯福尔扎时期的米兰骑士比武。

碎。1503年，达·芬奇回到佛罗伦萨，又于1506年再次启程前往米兰，为法兰西宫廷效力。两年间，达·芬奇在这两座相距300 km的城市间多次往返。

▲ 16世纪的威尼斯。

从米兰到昂布瓦兹

1508年，达·芬奇身居米兰，先后为夏尔·德·昂布瓦兹和路易十二服务。曾几何时，达·芬奇认为自己会在那里度过余生。然而历史总是充满戏剧性，1513年，法国人被驱逐出米兰，达·芬奇又不得不折回佛罗伦萨，直到1513年教皇将达·芬奇召回罗马，这才结束了他颠沛流离的生活。

世事难料。1515年，法兰西政权再次更迭，马里格纳诺之战的胜利开创了弗朗索瓦一世全新的统治局面，也预示着光明的未来。一年之后，达·芬奇收到法国国王的召唤，他再次收拾行囊上路，并最后一次经过佛罗伦萨，抵达昂布瓦兹，结束了奔波不定的晚年生活。

昂布瓦兹城堡：建筑史上的明珠

Le château d'Amboise, prouesse architecturale

查理八世是一位迷恋奢华生活的君主，昂布瓦兹城堡正是他奢华美梦的体现。查理八世去世时年仅28岁，离世前，新宫殿才刚刚开始动工。角楼的布局、高大窗户的尖顶装饰、坚固的防御工事奠定了昂布瓦兹城堡的独特风格。这座皇家府邸掩映在塔楼之中，外墙立面由廊柱和观景窗组成，观景窗前方设计有金属扶手。每个高大的屋顶窗之间以钟楼隔开，每扇窗户都与石栏杆平行排列。城堡不远处是克洛·吕塞城堡。达·芬奇在昂布瓦兹城堡中组织过盛大的节日宴会，研究过自动装置，并曾与君王在其中共进美餐。

音乐家达·芬奇

Vinci musicien

达·芬奇热爱音乐，这一点毋庸置疑。许多文件可以证明他曾是位娴熟的乐手，但没有任何材料可以证明他作过曲。不可否认，达·芬奇是个懂音乐的人。

音乐家肖像，1485—1490年。蛋彩木板油画，40 cm×30 cm，现存于米兰安布罗西亚纳图书馆。

他曾学习唱歌和演奏里拉琴，这些似乎是文艺复兴时期的人文主义者必备的技能。他曾在笔记中设计了一些晦涩难懂的谜题，以此证明自己是真正的乐手。

才华横溢的业余演奏家

据史料记载，尽管达·芬奇积极筹办过各类节日宴会，尤其是在米兰斯福尔扎的宫廷，但他从未在公众面前展示过自己的歌唱才华。

当时的意大利音乐正在努力挣脱法国和弗拉芒音乐的束缚（举例而言，佛罗伦萨主教座堂的奠基乐都是邀请法国作曲家迪费进行创作的。以韦罗基奥和乔尔乔纳为首的同时代艺术家，也都是通晓音律的画家），世人也一致认为达·芬奇是位杰出的音乐家。

音律工程师

在音乐领域，达·芬奇更像一位工程师。他设计了多种乐器，并不断修改优化，甚至直接动手制造乐器。木制或铜制的乐器、方便弹奏的键盘、不断精进的打击乐器以及滑奏演奏法，无一不与达·芬奇的奇思妙想息息相关。在所有的构思中，一种结合风琴和大提琴的乐器——中提琴钢琴（viola organista）最让人惊叹。这种乐器需要调动一组滑轮，借助键盘让普通的弦乐同时发出多个音调。抛开这其中大胆的物理构造不谈，这一构想创造了新的“和声”方式，并由此催生了一种影响深远的艺术形式——歌剧。

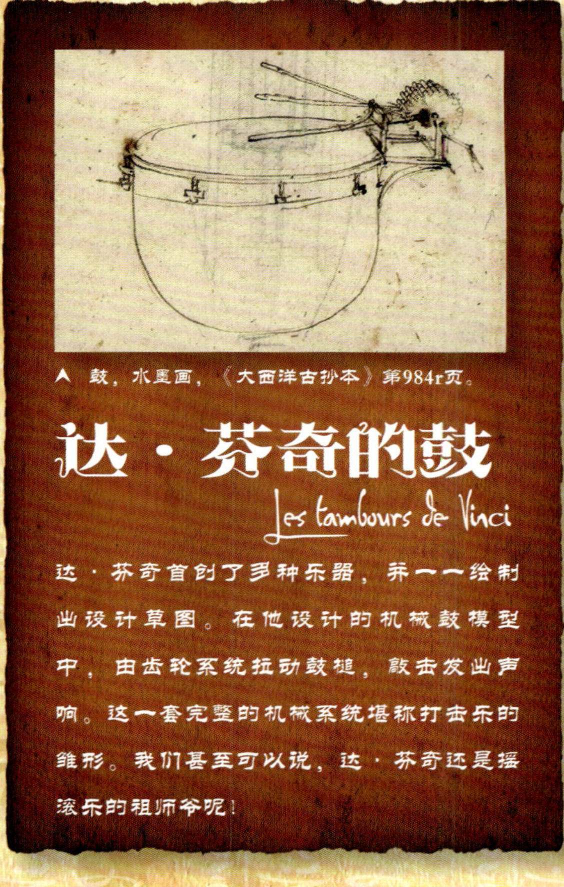

∧ 鼓，水墨画，《大西洋古抄本》第984r页。

达·芬奇的鼓

Les tambours de Vinci

达·芬奇自创了多种乐器，并一一绘制出设计草图。在他设计的机械鼓模型中，由齿轮系统拉动鼓槌，敲击发出声响。这一套完整的机械系统堪称打击乐的雏形。我们甚至可以说，达·芬奇还是摇滚乐的祖师爷呢！

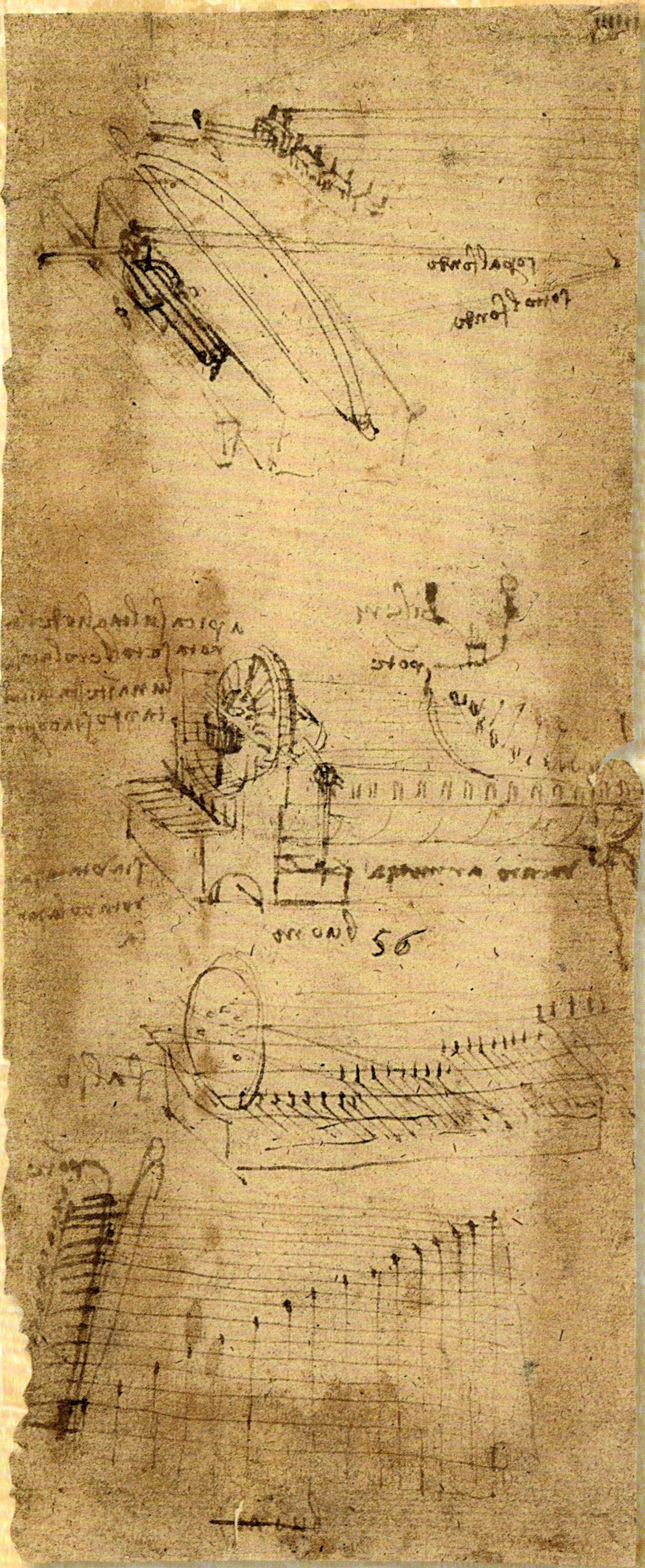

中提琴钢琴（viola organisa），纸本画，《大西洋古抄本》第586r页。 ➤

新颖的建筑理念

Une conception inédite de l'architecture

达·芬奇时代的建筑师通常同时拥有绘制建筑草图、设计防御工事、修建教堂、装潢宫殿及疏浚河道等多项技能。在这样的环境下，并非建筑师出身的达·芬奇仍对建筑表现出极大的热情，足见他对这门学科的热爱与执着。

谈及达·芬奇在建筑史上的地位，他更像是一位理论派而非实践派。这也解释了为什么他总能有天马行空的想象、无拘无束的视野和出自直观感受的设计。

重建教堂：中心式设计

在达·芬奇看来，教堂与其说是礼拜之所，不如说是信徒表达信仰之虔诚的舞台。他甚至设想让牧师站在信徒们中间，就如同沙龙里的乐师或舞台上的喜剧演员。

诚然，这种中心式的教堂设计在基督教早期就已存在，文艺复兴时期的大建筑家们（尤其是菲利波·布鲁内列斯基和莱昂·巴蒂斯塔·阿尔伯蒂）却始终认为这种设计隐喻了神的完美，是展示人类臣服于神灵的理想画面。

而达·芬奇眼中所见则完全是另外一番景象。他所感兴趣的是圆形、方形、八角形等最基础图形间的组合。他从祭台后堂（并非从正立面）的视角出发绘制的穹顶教堂草图也能够证实这一点。此外，教堂的正立面在达·芬奇的草图中并不多见。他所关注的与现代建筑非常相近，极少关注建筑细节，即便是纪念性建筑的细节也不能分散他的注意力。相反地，他对空间和结构的兴趣更为浓厚，可以说无形中引领了勒·柯布西耶和奥斯卡·尼迈耶的宗教建筑设计理念。

查理八世的迷幻宫殿

《鸟类飞行手稿》是达·芬奇知名度最高的著作之一，其中收录的一幅手稿让众多研究者在欣赏之余也颇有困

教堂中心平面图，1488年。纸本画，《大西洋古抄本》第962r页。➚

教堂及穹顶设计草图及比例关系。纸本画，手稿B第17v页。»

《三博士朝圣》

L'Adoration des mages

《三博士朝圣》是一幅大型油画（246 cm×243 cm），绘制于1481年至1482年间，现存于意大利佛罗伦萨的乌菲齐美术馆。这幅画笔触精细，达·芬奇为此反复绘制了草图，但在1482年7月，他毅然决然地中断了这幅作品的创作。抛开其中生动的场景不谈，单单是构图中的数学思维便足够令人叹服，近景中的人物构成了一个完美的金字塔形，圣母玛利亚的头部恰好位于金字塔的顶端。

关于达·芬奇最终未能完成这幅画作的原因可谓众说纷纭。但或许那些反复推敲的草图已经给出让人能够接受的原因：画中内容触及了绝对的禁忌。

从这幅藏于乌菲齐美术馆的珍品中我们看到了一个怪诞的场景，随意抽象的线条勾勒出各个图案，画中的建筑位于场景深处，藏在一棵树和一堆岩石的后方，呈现出的效果令人好奇不已。

无论从哪一点看，这座建筑都十分奇怪。它在示意什么呢？是圣墓大教堂吗？画中的阶梯是不知通向何处，还是想要表达通向未知的未来？其他画家也创作过相似的作品，画中都展现了位于意大利普拉图附近波焦阿卡亚诺的美第奇家族别墅。这座别墅始建于1485年，由朱利亚诺·达·桑迦洛受洛伦佐·德·美第奇之命建造。它与达·芬奇想象中的建筑必有相似之处，但别墅造型对达·芬奇的直接影响或许是造成这种相似的原因。

▲《三博士朝圣》，1481—1482年。油画，246 cm×243 cm，现存于佛罗伦萨乌菲齐美术馆。

这幅画的另一个疑点在于，画中是否掩藏着达·芬奇的自画像。据多位专家研究显示，画中右侧那位望向画外的年轻男子，正是年轻时无忧无虑的达·芬奇。无拘无束的年轻人能够在画中那样一个神圣的场合下置身事外，与画面左侧那位虔诚朝拜圣母的老者形成了鲜明的对比。

▲《三博士朝圣》透视草图，1481年左右。纸本画，163 cm×290 cm，现存于佛罗伦萨乌菲齐美术馆。

惑。这幅手稿以前所未见的方式，同时展现了两种风格截然不同的设计图。

第一种设计图由杂乱的片段组成，勉强可辨认出一堆相互倚靠、附于墙壁之上的柱子，将壁龛和后殿围在中间，可以觉察到艺术家当时正非常急迫地要将未成体系的想法记录下来；第二种则是精心描绘的、完整的宫殿正立面草图，看上去与第一种的碎片式草图毫无联系。达·芬奇说过，这幅手稿的内容来源于圣彼得大教堂的缔造者布拉曼特为卡普里尼家族设计的宫殿，而这座宫殿或许是布拉曼特在罗马留下的唯一一座非宗教建筑。

卡普里尼宫由布拉曼特于1501年至1510年间设计建造，如今虽已不复存在，但在当时却被认为是文艺复兴时期罗马建筑的典范，亦是众多后辈争相效仿的楷模。这幅手稿既让喜爱达·芬奇的人们爱不释手，也是众多学者的研究对象。因为这是我们所能看到的达·芬奇唯一一幅精心绘制的宫殿正立面图。达·芬奇当时正居住在米兰，1506年至1507年间他恰好在为他的资助人查理八世设计新的府邸，以彰显查理八世的富有。

◀ 教堂中心平面图（细部），纸本画，《大西洋古抄本》第962r页。

正立面：全新的空间构造

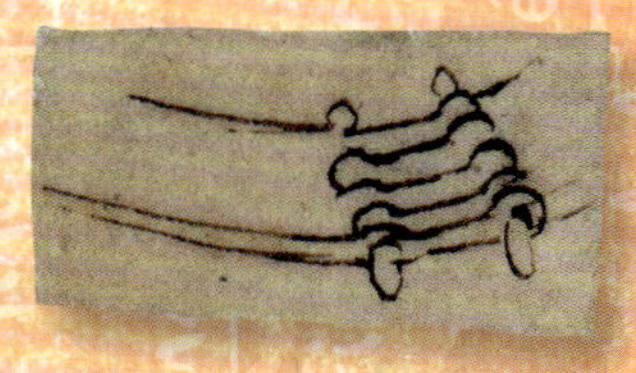

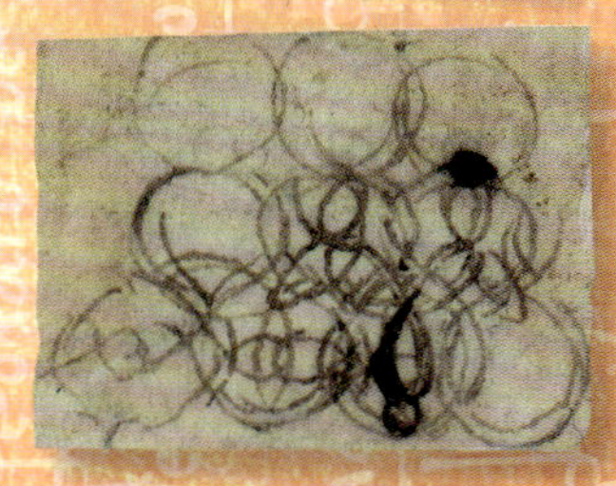

表面上看，这是一种再简单不过的正立面设计：巨大的半露柱（部分嵌于墙体内的壁柱）将平面分隔为三个部分，让剩余的平面有足够的空间“畅快呼吸”。建筑一层的门窗（位于中心的大门、两侧的窗户）非常自然地嵌入支撑天花板的突饰上。建筑每一层的主昂布瓦兹城堡花园笔记，画中右侧绘有用来从井中汲水的机器。铅笔纸本画，《大西洋古抄本》第961r页。

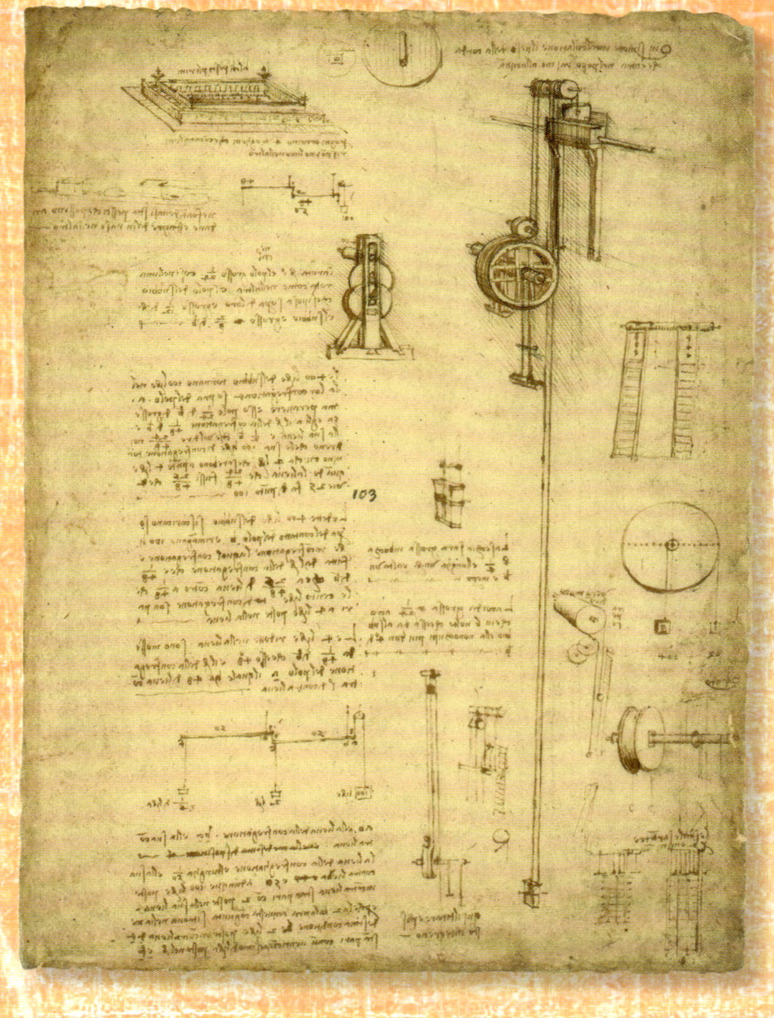

体均为优雅的凉廊构造，六根廊柱之间的墙面没有其他装饰，只有窗户镶嵌其中。最后，顶层正面装饰矩形门楣，与古希腊时代的教堂顶层类似。

这一部分是建筑中最有意思的地方。我们可以看出设计师当时正努力摆脱当时建筑特色的影响，尤其是威尼斯宫廷建筑的影响，奢华的凉廊和简洁的突饰是后者的两大特点。更妙的是，在整体观察了画稿后，我们甚至可以理清他的设计思路。在达·芬奇开始绘制建筑的轴测剖视图（保留了建筑内部空间和起伏的平面图）之前，这些草图多以几何图形为主。渐渐地，伴随着研究的不断细化，研究对象也从简单的皇家宫殿转向了古代建筑。通过潦草的手稿，我们可以认定：一旦灵感出现，达·芬奇会迅速地画出若干方案，但最终留下一个进行精心修改。这里我们也发现一个震撼人心的现象，在手稿中没有任何一处模棱两可，这位伟大的创造家面对着一张洁净的白纸，所有的纠结或坚定都跃然纸上，冥冥之中展现出真理无可取代的强大力量。

查理二世城堡设计草图，纸本画，《鸟类飞行手稿》第18v页。

昂布瓦兹的查理二世：资助人与战争家

Charles II d'Amboise, mécène et guerrier

1506年，米兰总督查理二世将达·芬奇召至米兰，要求他为自己创作绘画、管理工程，并设计宫殿。

1511年，年仅38岁的查理二世骤然离世，尚未完工的宫殿也成了达·芬奇留下的终身遗憾：他原本有机会抛开理论派头衔的束缚，在建筑领域成为实践派大家。

建设“理想城”的愿景

Visions de la cité idéale

达·芬奇在建筑和城市建设方面最令人叹服的创举，当属“双层城市”。他为此绘制过草图和设计图，然而这一构想最终未能成为现实。文艺复兴时期的建筑理念已经开始关注“理想城”的概念，全新的透视法则为道路设计提供了新的规则，人文主义的思想也推动了这一概念的实施。

由于意识到自己关于“理想城”的构思并不具有可行性，或者说可行性极低，达·芬奇索性将其作为一次“实验”，因此他可以将理论发挥到极限，也不用考虑任何一位资助者的意见。

与肮脏和不幸抗争

1484年，一场骇人的黑死病几乎摧毁了米兰。在当时的背景下，达·芬奇意识到，在卫生条件极端恶劣的情况下，人口堆积只会加速疾病的扩散。在他看来，沉默与恶疾之下，掩藏着绝大部分城市人口都生活在不人道的条件中的事实。自中世纪以来，城市不过是道路和街道的集合地，纵横交错的狭窄小巷里，传染病病菌可以肆无忌惮地传播。在这座受尽苦难的城市里，水源极度不卫生、老鼠和昆虫飞快地繁殖，这些都不断地折磨着达·芬奇的内心。

双层城市

面对眼前的凄惨景象，达·芬奇产生

“理想城”，弗拉·卡尼维尔（1420—1484年）绘制，1480年左右。蛋彩木板油画，67.5 cm×239.5 cm，现藏于华特斯艺术博物馆。在图的后景中部，绘有极具罗马建筑特色的大剧院和凯旋门。有研究认为图中人物或是后期增加的。

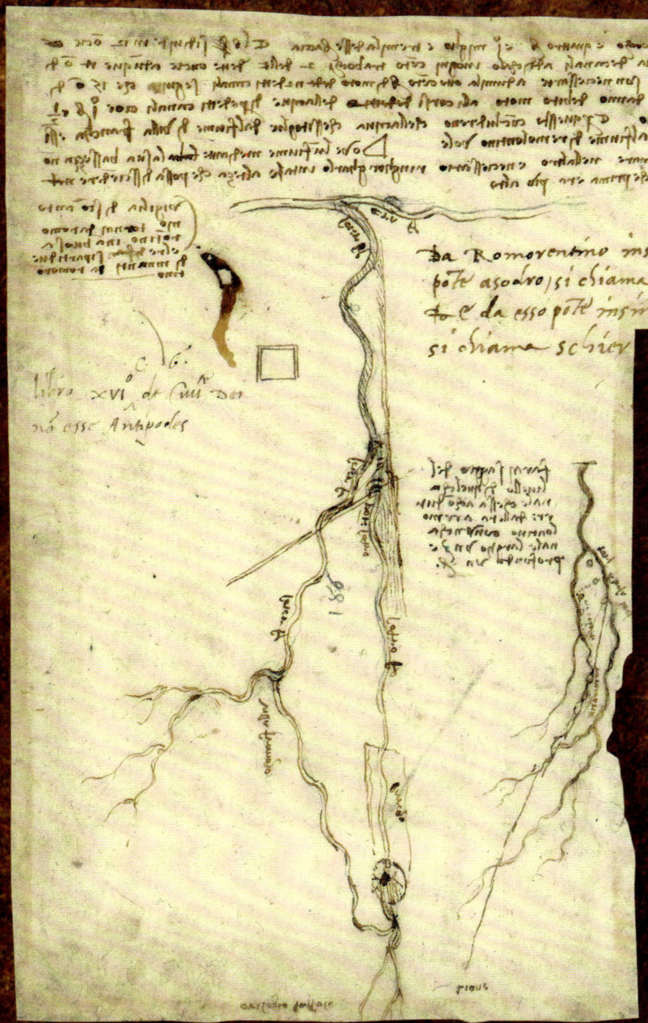

◀ 罗莫朗坦城水道测量图，纸本画，《大西洋古抄本》第920r页。从图中可以分辨出卢瓦河、歇尔河及索德尔河，以及蒙里夏尔、罗莫朗坦、海滨自由城、图尔、昂布瓦兹及布卢瓦等城市。但这一通过水道改造连通各个城市的方案未能实现。

了建造一座叠加的双层城市的构想。每一层空间的建设都需要不同的条件：宽阔、通风良好的道路和密集的、健康纯净的流动水网络。通过草图，我们可以预见这一构想所能达到的良好效果。例如，在宫殿的侧面开凿出一条水道，湍急的水流能够避免该区域出现空气流通不畅以及由此引发的空气污染问题；上层空间的道路供行人通行，行人可以呼吸健康的空气（在达·芬奇的设计中，光线充足与卫生整洁是重中之重），而下层空间的道路则供车辆通行。车辆的速度较快，相对而言受到有害气体的影响较小。开凿水道的另一优点在于可为城市长久提供清洁的用水。此外，广场的设计构建了一个污水流动系统，通过便利的下水道，以最快的速度驱散一切传染源。

私人空间的构建

达·芬奇虽然天资过人，但毕竟不是慈善家。在他的笔记中，多处都表现出了对最穷苦人民的冷漠，尽管他也曾经与这个阶层的人来往甚密。然而，这也合情合理，他拒绝混乱的社会秩序，因为这会阻碍公民空间的正确划分。如果不是潜意识里认识到游手好闲的和努力工作的是截然不同的两类人群，那么他也不会承认，努力工作的人应该获得更好的生活条件，促使他更高效地工

法国，梦的终点

En France, la fin des rêves

步入暮年后，达·芬奇回到宫廷，他向法国王室阐述了在罗莫朗坦开凿水道、建立水闸以确保为城市提供洁净用水的想法。他计划在歇尔河与索德尔河之间开辟一个新的空间层，这个想法或许能够引发密切的商业活动，城市可以同时在商业和卫生方面受益。然而，这个计划却最终未得以实施。不仅如此，几年之后，达·芬奇将卢瓦尔河水引入香波堡的计划也同样夭折。

多层城市草图，1487—1490年。铅笔纸本画，手稿B第16r页。

作。从这个角度出发，再不会有比“双层城市”更好的城市布局。房屋的所有者将在上层空间生活，房屋朝向街道；卖苦力的人，特别是餐饮从业者，就将住在朝向院子的房间里，房间直接通向底层空间的小路。

公共空间的重建

达·芬奇的城市规划方案与现代专家的最深层次的区别在于：现当代的专家并不曾看到达·芬奇方案中功能的连贯性。

当佛罗伦萨的贵族与罗马教皇要求建筑师为满足自己的奢靡需求而对城市规划进行简单改造之时，达·芬奇已经预测到了城市未来的变化，提出了与20世纪勒·柯布西耶“调控设计”相似的城市改造方案。达·芬奇从自己的“双层城市”构想出发，创立了“居住机器”的雏形，在威尼斯广受好评，被称为“最好的机器”。当然，人们对于这台机器的技术原理的兴趣，要远远大于它的创造性。

这也解释了为什么达·芬奇总是将那些可以预见变化趋势的城市或街区作为改造对象。他甚至可以想象出水网、人行道、聚集在一起的私家住宅

城市入口水道铺设草图，1510年前后。纸本画，《大西洋古抄本》第935r页。

以及公共广场。达·芬奇认为，这样一来，富有的居民将能够与穷苦的人们共处，但同时，这两个社会阶层将始终严格区别开来。

1490年的一幅画作展现了达·芬奇在城市中心修建贵族宫殿的构想：由廊柱支撑起宫廷的内殿，周围环绕着若干小庭院。1450年，米开罗佐·迪·巴尔托洛梅奥为美第奇家族打造的皇家园林正式采用了这种设计。

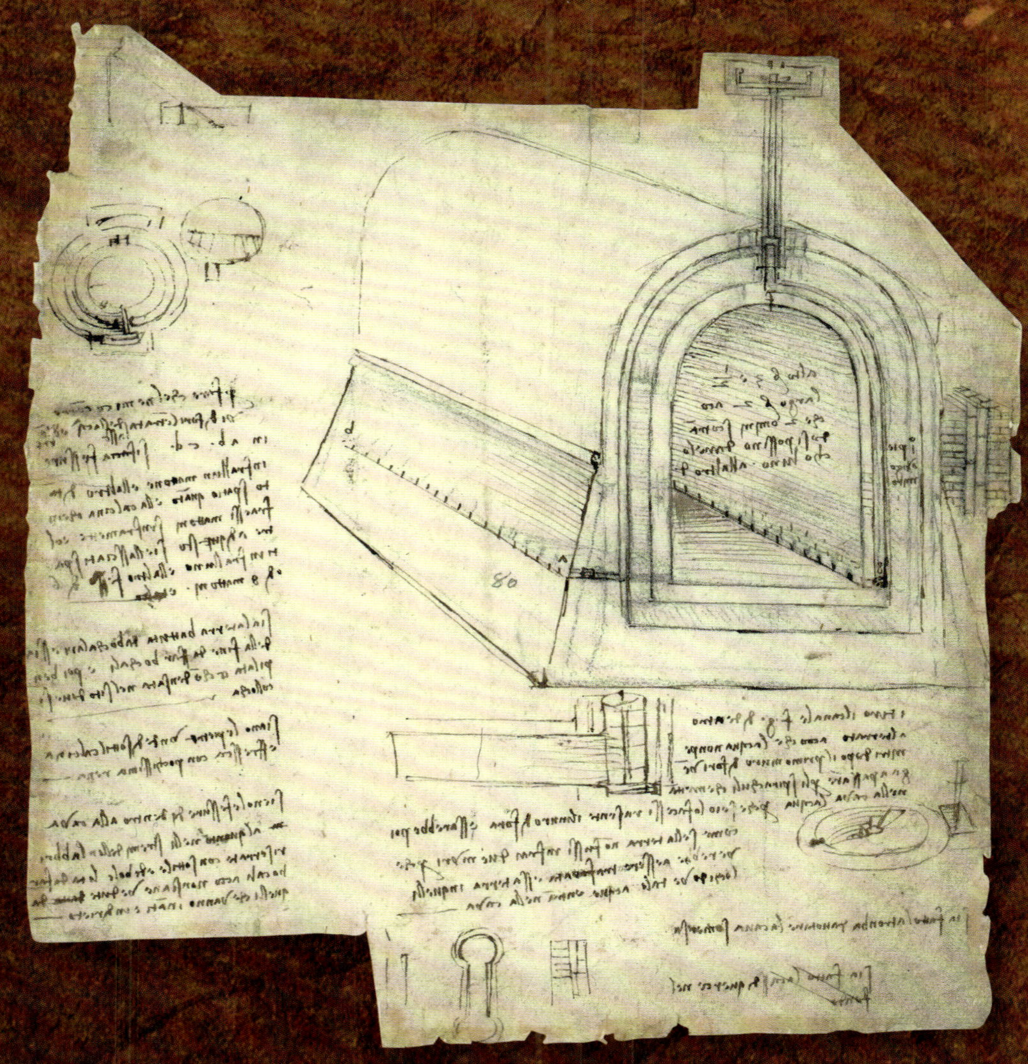

▲ 可蓄水地下通道设计图，1480年前后。纸本画，《大西洋古抄本》第1000r页。

达·芬奇设计的这座宫殿是唯一直接与城市各个层级连通的建筑。任何一幅手稿都不如他在笔记中写下的这句话更能表现他的理念："每个人都要服从他的上层，接受上层的支配。"

伊莫拉地图

Le plan d'Imola

小城伊莫拉毗邻博洛尼亚，1499年，教皇亚历山大六世决定发兵伊莫拉，得到了切萨雷·波吉亚的大力支持，同年11月25日，后者几乎不费吹灰之力便夺取了伊莫拉的统治权。正是因为这场胜利来得过于简单，切萨雷很快便将达·芬奇召至身边，任命他来负责检测防御工事的坚固性。1502年，达·芬奇绘制了伊莫拉地图，从图中我们能够很明显地看出，达·芬奇沿用了罗马时期建筑设计中常用的南北轴向及东西轴向绘图法。

为切萨雷·波吉亚设计的防御工事

Des fortifications militaires au service de César Borgia

1499年，切萨雷·波吉亚受父亲教皇亚历山大六世之命，统治伊莫拉城并维护城市安全。正是从这时起，达·芬奇找到了新的主人，并担任军事建筑师和工程师的职务。

无论切萨雷·波吉亚在历史上留下了多少残暴血腥的印记，我们仍不可否认，他确实拥有出众的才智及精准的判断力。在接管伊莫拉城之初，切萨雷对保卫这座城市信心不足，虽然达·芬奇表面上只是刚刚才加入切萨雷麾下的新人，但切萨雷舍弃了他信任多时的工程师，将伊莫拉城的防御工事交付于达·芬奇，这一决定绝非出于偶然。

切萨雷·波吉亚的军事工程师

相比于同时代的其他统治者，切萨雷的视野更为开阔深远。飞行器、水下军事装置、地形勘测法以及混合了硫黄和硝石后杀伤力更强的火药等均出自达·芬奇的大胆提议，深深震撼了这位智勇过人的统治者。

在米兰，达·芬奇最终以天才的技巧折服了众人，成为一支工程师团队的领导者，也随之迎来了他军事生涯的顶峰。1502年6月至1503年2月，他踏遍

聘书

La lettre d'engagement

1502年8月18日，切萨雷·波吉亚以一纸聘书将达·芬奇招至自己身边，聘书上明确写着："兹任命（达·芬奇）为建筑师及总工程师"。达·芬奇的主要职责，除对现有的防御工事进行测量和评估外，还需要设计新的民用和军事工程，来完善既有的防御体系，以"对抗众多内忧外患"。同年初夏，达·芬奇已经到达米兰，他很快接受了任命，通过实际演示，阐述了自己设计的方案的有效性。然而，同之前一样，那些最大胆的设计终究还是成为了一纸空文。

▲ 男性头部画像，四分之三侧面（很可能是切萨雷·波吉亚本人），1502年。纸本画。

了罗马涅和马凯的每条街道，随身携带一本册子做记录，而这本册子正是如今珍藏于法兰西学院的“手稿L”。伊莫拉、切塞纳、切塞纳蒂科、里米尼、佩萨罗……手册中记录了他所到的每一处，每一个地名的背后都是一段长途跋涉的旅行，达·芬奇在旅途中进行了丰富的活动，从地图绘制到重现伊莫拉，再到堡垒勘测，无一不是艺术与军事的结合。

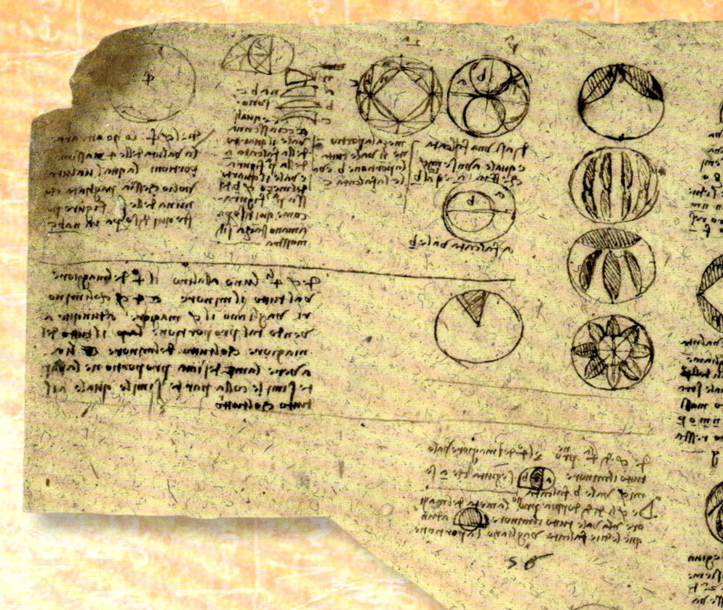

▲ 圆形防御工事草图，1502年左右。纸本画，《大西洋古抄本》第653r页。

对圆形的钟爱

作为人文主义的忠实追随者，达·芬奇对圆形有着独特的热爱。从他所推崇的几何学角度看，圆形是完美的图形，因而他也研究了圆形在军事建筑中的作用。此外，他在光学、几何学和星相学方面的研究成果，也为他进行圆形平面的防御工事研究提供了支持。

在《大西洋古抄本》中，记录了一个精妙的设计：一个由坚固尖脊支撑的拱顶结构，贴合抛物线的拱顶能够为庞大的防御工事的所有者提供

◀ 堡垒素描，1502年左右。纸本画，《大西洋古抄本》第132r页。

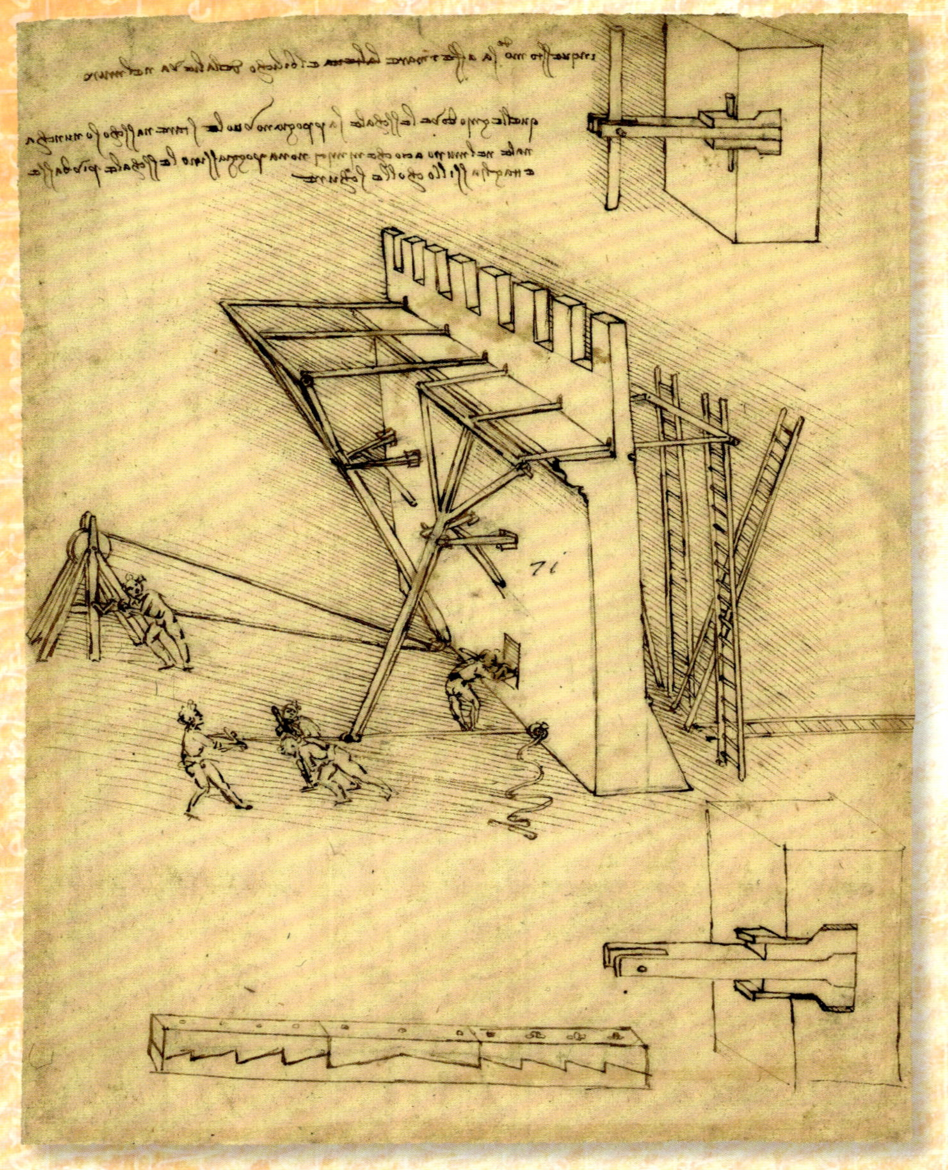

防御工事的操作体系，1478—1515年。纸本画，《大西洋古抄本》第139r页。图的右上方展示了防御体系的细节。

最大的安全保障。这一构想备受军事战略家的推崇，《大西洋古抄本》的其他页有对这种结构的详细铺陈。然而，仔细研究这幅画后，我们惊讶地发现：若想在现实中建造这样一个防御装置，就必须使用一项新的发明创造——钢筋混凝土。但达·芬奇的构想中从未有过钢筋混凝土的身影，其真正的发明者是19世纪一位默默无闻的园林设计师约瑟夫·莫尼耶。

此外，这种结构的顶部各部件若想保持坚固，必须依靠另一位大师之作——法国工程师欧仁·弗雷西内于1928年发明的预应力混凝土。

因而，我们并不能说达·芬奇的设计领先了现代工程师整整四个世纪。但更重要的是，我们需要再一次认识到，时代背景往往能够让巧夺天工的设计方案看上去颇具可行性，但在概念成形之时，常常是技术上的毫厘之差导致方案最终成为空谈。

武器

值得注意的是，我们不应当过于夸大上述装置的军事有效性。17世纪的法国军事家塞巴斯蒂安·勒普雷特尔·德·沃邦设计的对抗炮兵的防御装置，就比达·芬奇手稿中的设计要现实可行得多。事实上，

防御墙壕沟，1502年前后。纸本画，《大西洋古抄本》第604页。

大型的圆形结构在战争中能够起到的作用，很显然与想象成反比。

然而，令人惊奇的是，达·芬奇在围攻和攻坚方面的设计堪称完美。《大西洋古抄本》中便有一幅画作可做证明：画中展现了一个装有车轮的封闭防御装置，可以在城墙附近短距离移动，并在城墙上方架设了一种封闭的高空通道，进攻者可以利用通道直接靠近实力已被削弱的防御者。这同时也说明，在摆脱中世纪的束缚后，达·芬奇认识到自己的设计必须考虑时代的特点，不能将全部的想象力用于无法体验的未来设计中。

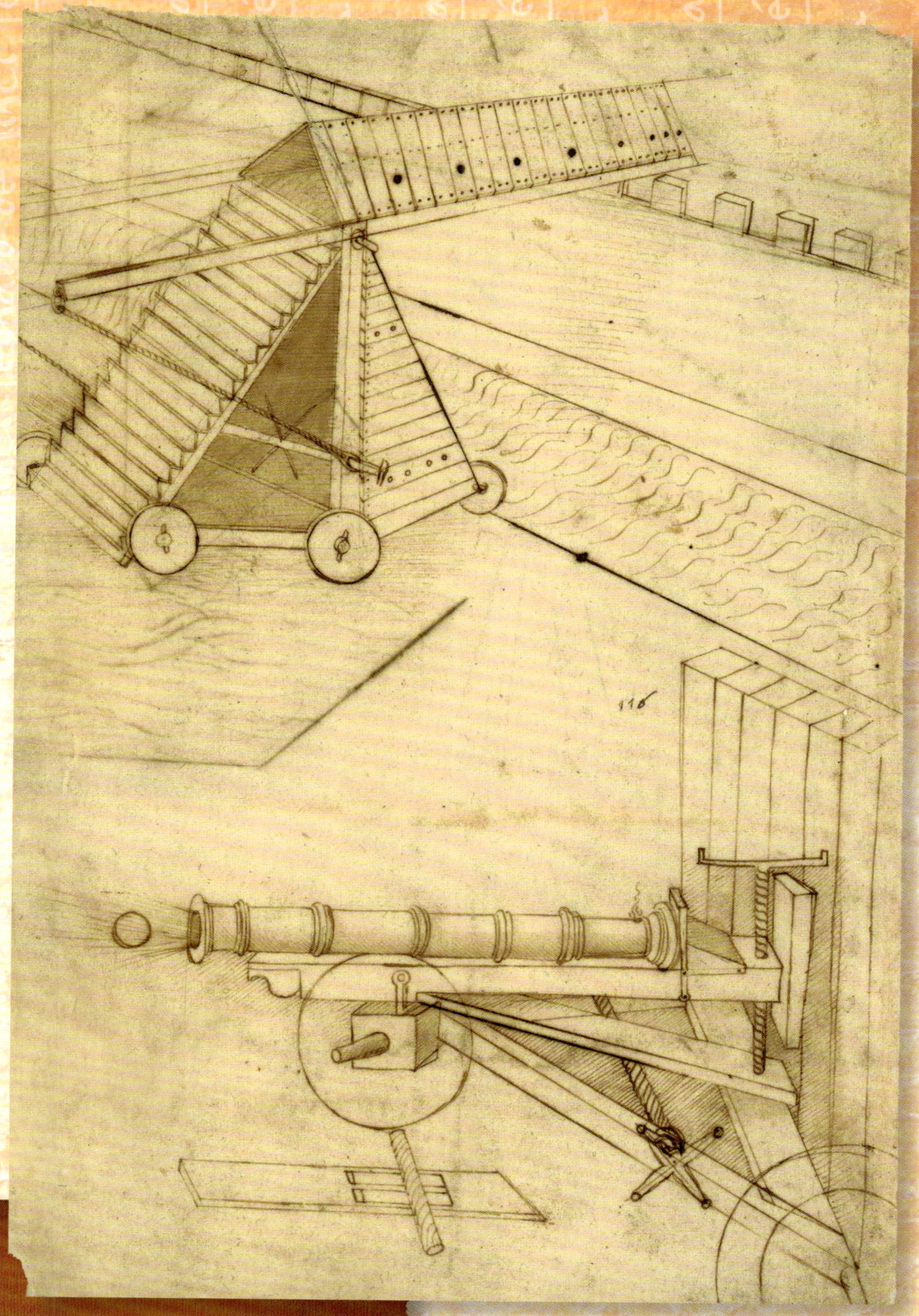

▲ 用以连通壕沟与围墙的吊桥。达·芬奇在图片下方绘制了一架三轮加农炮炮台。1503年。纸本画，《大西洋古抄本》第49r页。

多管火炮

Le char d'assaut en germe

和许多其他发明创造一样，多管火炮也并非达·芬奇首创。在他之前，早已有人构思出了相似的概念。但达·芬奇的独特之处在于，他拥有非常强烈的意愿，要将自己的设计逐一变成现实（假如达·芬奇泉下有知，看到诸多设想在他过世之后成为现实，对他而言想必也是一种慰藉）。装置了移动轮的多管火炮便是他将虚拟概念变为现实武器的典型案例。这是一个令人叹服的装置，装置底部为圆形，以圆锥形覆顶。整个装置完全封闭，借助环绕闭合的加农炮炮台，进攻者可以将超强火力覆盖整个作战区域。达·芬奇制作的木制模型清晰地展示了这台装置的操作便利性和巨大的杀伤力。

备战：军用机械

Préparer la guerre : les machines militaires

在达·芬奇时代，意大利长年淹没在城邦冲突与大家族间的对抗中。社会的动荡促使达·芬奇以绘画的方式了解和记录着世界发展的旋律和法则，并最终发现：战争是世界发展的重要脉搏。在从未远离战争的意大利，达·芬奇积极地推动了军事武器的发展。

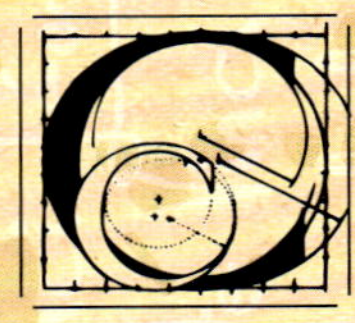

如今人们在谈论达·芬奇时总是夹杂着复杂的情感，或许正是因为他曾经发明了种类繁多且杀伤力巨大的武器。

战争：永恒的主题

我们很难准确地说出战争在达·芬奇的工作中（尤其是军事工程方面）究竟发挥了什么样的作用，这是因为，如果说战争是文艺复兴时期的意大利终将面对的问题，但实际上它并不曾对达·芬奇的生活造成持续性的影响。

居住在佛罗伦萨时，达·芬奇虽将大多时间用于研究建筑设备，同时也关注云梯和坦克的建造。在这方面，达·芬奇参考了维也纳工程师们的成

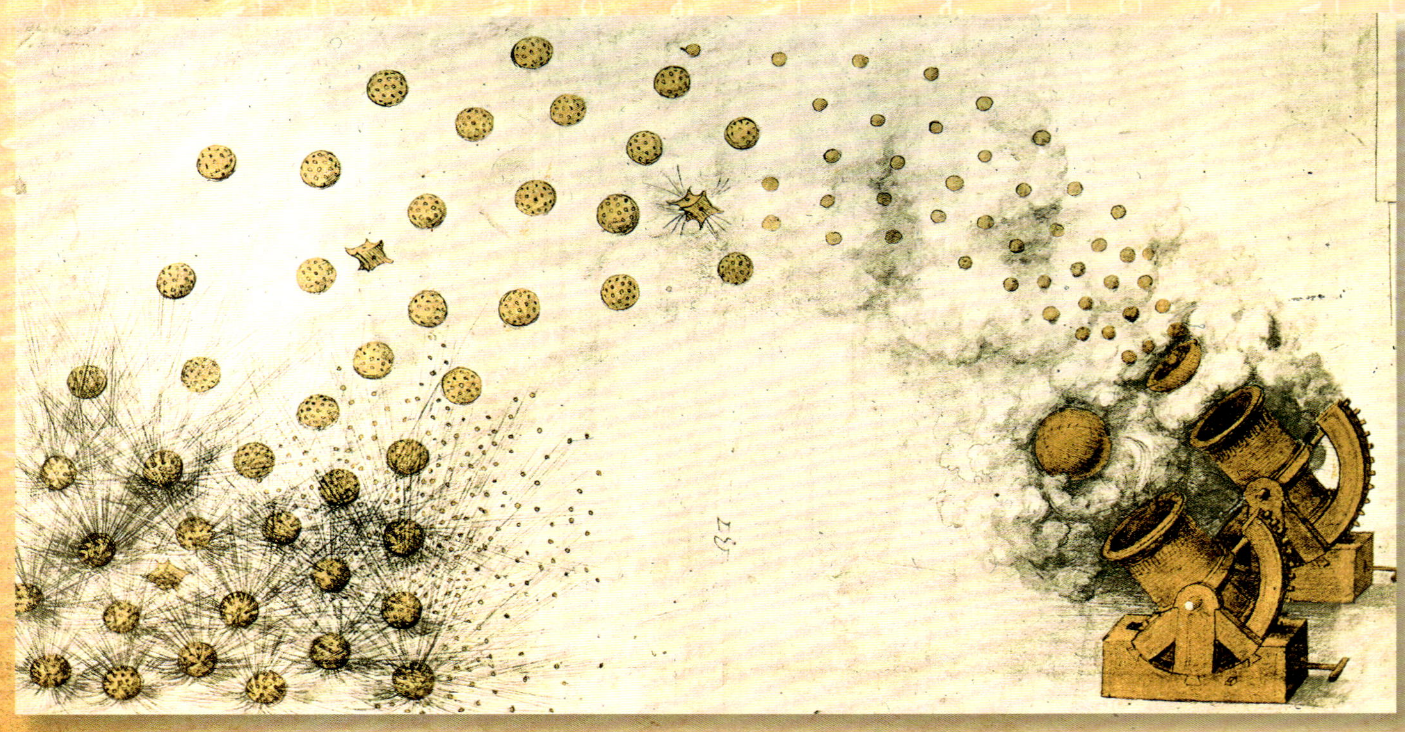

射石炮，15世纪末。木炭画，《大西洋古抄本》第33r页。

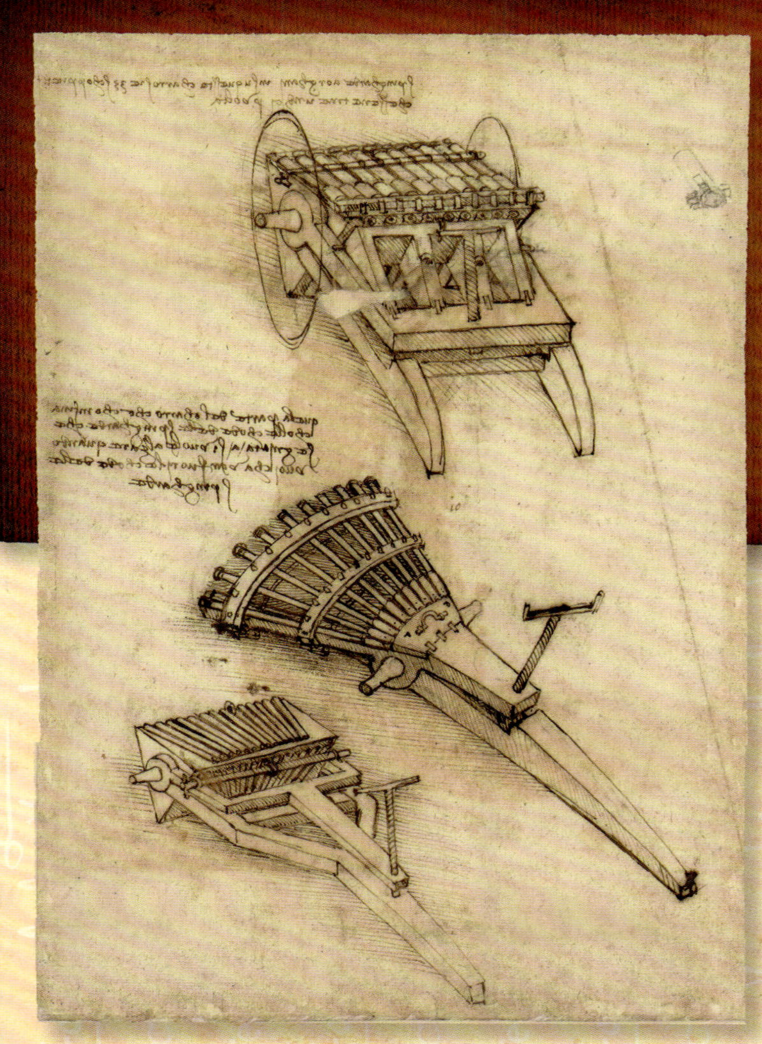

多筒枪炮

Escopettes et espringales

《大西洋古抄本》第157页展示了三架呈扇形排列的多筒枪炮，这种武器在法国军队中使用广泛。仔细观察后，我们不禁对达·芬奇绘制这三架武器的初衷感到好奇：究竟是纯粹研习绘画？还是当时的资助者正以高价寻求杀伤力最大的武器，他不得不屈从于资助者的命令？

频率、增强加农炮可移动性、削减炮筒回冲力以及提高射击精准度等的工具或装置，其中还介绍到利用火线点燃炮弹以降低炮手死伤风险的方法。

果，而维也纳的工程师则是从神圣罗马帝国（古德意志帝国）军用工程师康拉德·凯泽在胡斯战争时期的研究中汲取了灵感。此外，达·芬奇还充分借鉴了古希腊古罗马时期的发明创造，例如卷镰战车的设计灵感便是来自普鲁塔克的想象。他甚至还创作了一幅血腥的画作来介绍这个可怕的武器如何在战场上斩杀将士。在另一幅画中，他还绘制了一种“蒸汽加农炮”，可以同时投放数枚火炮，喷薄而起的烟雾惊得幸存者们魂飞魄散。手稿中还包括简化武器装卸、提升扫射速度和

画中的幻像与现实中的阻力

穿孔式防御城墙系统、坚不可摧的防御结构、车轮火炮、可击垮最坚固防

根据达·芬奇草图建造的多管枪炮。

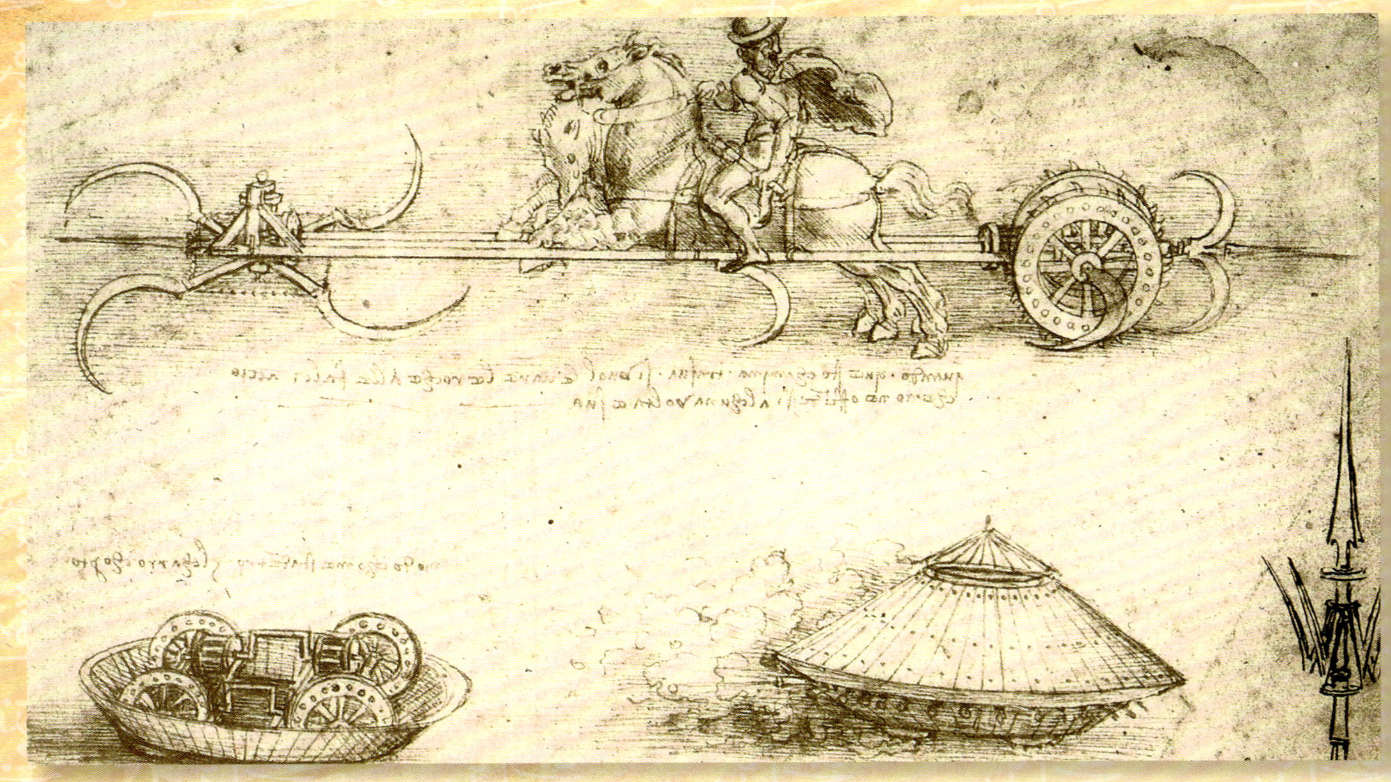

镰刀战车，1485年左右。▲

御门的巨大撞锤、多筒火炮等所有从达·芬奇脑中构思出的致命武器，又通过墨水、木炭或铅笔，跃然于纸上。然而或许问题就出在这里。我们必须承认，这些发明在当时是无法成为现实的，单从形状样式看，这些武器在之后若干世纪的战争中，都未曾寻找到丝毫用武之地。

不可否认的是，达·芬奇在战术方面的思考和研究是非常深入的。现存于法兰西学院的“手稿B”中笔触精细考究的绘画便是最好的证明。其中一幅画作展示了一种在铜管中用炭火加热的加农炮，需要向铜管中加水以形成巨大蒸汽并投射炮弹。达·芬奇在注释中写道：“你将被这一场景折服，

嗜杀如狂

Aux frontières du délire meurtrier

《大西洋古抄本》中收录了一幅大规模的轮形军用装置图。巨大的轮上共有44个凹槽，10位士兵站立于装置的上方，一位士兵位于中轴线上的悬空位置，11位士兵共同作业推动该装置前进。该轮形装置正交切分为四个区域，分别放置一个弩，每当通过装置左边木质遮挡物上的开口时便射出一支箭。如果这个装置真正运转起来，其杀伤力将无可估量。

尤其是在看到它巨大的威力并听到震撼人心的爆裂声时。”

弩与坦克：徘徊于梦想与现实之间

由此看来，《大西洋古抄本》中描绘的巨大架子弩当属典范之作。尽管当时的条件无法建造出实物，加之16世纪后半叶迅速发展的军事装备又彻底淘汰了这一设计，但达·芬奇仍在装卸机制和发射精准度方面做出了很大贡献（见仿制品）。

达·芬奇甚至还刻画了一个手持武器的士兵来表现比例尺，并在侧边的草图中展示了装卸操作的细节。绘图之精妙甚至让人产生错觉，认为如此精巧的机器是真实存在的、可运转的。

抛开这种错觉不谈，我们应该承认，以这一个巨大的军用装置为例，达·芬奇的设计绝大部分止步于梦境和幻想，而未能成为现实。或许正是出于这个原因，我们方才能够原谅达·芬奇曾经创作了卷镰战车这般残暴的发明。&

借助垂直炮弹进行区域防御，1503—1504年。墨水渲染和铅笔纸本画，现存于皇家图书馆，编号12275。

晕涂法：一场绘画革命

Une révolution en peinture : le sfumato

达·芬奇曾提出绘画理论史上最为深刻的观点之一：绘画是一种精神活动。对探索世界充满了渴望的达·芬奇将艺术和科学融为一体，创造出全新的绘画技巧，名曰“晕涂法”。用此法绘制的作品往往采用金字塔结构构图。

圣母头部，1507—1510年。纸本画，白色和灰色粉笔绘制，现存于纽约大都会艺术博物馆。

这些画作呈现出了精湛的绘画技艺，体现了平衡之美，同时使用了众多具有象征意义的图案，对细节的刻画亦堪称完美。作为人文主义的理论家，达·芬奇的这些画作中几乎汇聚了文艺复兴晚期的所有特点。

“绘画应与自然相斗争、相抗衡”

（《达·芬奇笔记》第二部分）

关于美学与自然之间关系的争论由来已久，但早在这场争论开始前的几个世纪，达·芬奇便已经清楚地认识到画家所面临的一个巨大挑战：在一个二维的平面上展现三维的自然世界。

圣母手臂图，1508—1510年。黑色和红色粉笔、墨水绘制，红色底纸白色提亮，8 cm × 17 cm，现藏于英国皇家收藏基金会。

达·芬奇与另外两位意大利艺术先驱乔托·迪·邦多纳及马萨乔共同完成了15世纪绘画的三个伟大创新：马萨乔的透视法，在二维平面上创造了第三重空间；乔托的立体主义画法，为绘画创造了虚拟的立体面；达·芬奇的明暗对比手法，则创造了虚拟的氛围。而这三大创新也成为了上述关于美学与自然的争论的起点：绘画不再是对自然的模仿，而是与自然的对抗，是摆脱自然的束缚后，对自由开放的世界的刻画，但与此同时，又依旧反映了自然的表象。

达·芬奇告诫他的同仁们，困难并非来自艺术，而是来自艺术家的自我定位。面对自然，艺术家即便拥有精湛的技艺，也不能完全重现自然之美。他说道：“很多时候，当画家看见自己画布上的作品与实物缺乏联系，或者他们画出的物体无法像镜子中的成像一样充满生机。他们时常因为无法完美地临摹自然而感到绝望。但他们却否认自己使用的色彩，无论从明亮度还是深度上看，都与物品镜像的阴影与光泽相差甚远。他们不应当质问造成这种结果的原因，而应审视自身忽略了什么，他们彻底否认‘虽然绘画与镜像都是二维的平面（即便我们用一只眼看，也是如此），但绘画可以与镜像毫无关联’这一观点。（《达·芬奇笔记》第二部分）”也许，再没有比达·芬奇的这一番话更能说明，画家不应当将视野局限于自己看到的世界，而应跳出视觉的局限，展示内心所想的那个世界。

绘画理论奠基人

在扬·凡·艾克、雨果·凡·德·高斯、罗吉尔·凡·德·韦登等15世纪弗拉芒画派先驱的影响下，达·芬奇对绘画中色彩的变化（越远的物体在画中的色彩越淡）产生了浓厚兴趣。达·芬奇认为色彩变化是绘画中亟待解决的问题，他以科学研究的方式对此进行了研究，并极力推崇在画中通过色彩变化展现多个层次的自然环境，以达到更深入地表现自然的目的。

▲ 衣褶草图，1484年前后，蛋彩油画，白色提亮，26.5 cm × 25.3 cm，现存于巴黎卢浮宫。

绘画：艺术之巅峰

De la supériorité artistique de la peinture

纵然达·芬奇拥有多种才能，但他在绘画上的造诣始终领先于其他，以下出自“手稿II”中的文字清晰地表达了这一点：“眼睛是灵魂之窗，是我们的智力能够感知无穷尽的自然的重要途径；耳朵居其次，可以让我们聆听眼睛所见事物的故事；无论是史学家、诗人或是数学家，如果不曾用眼睛去观察事物，必将很难对事物进行记录。诗人用羽毛笔来创作一个故事，而画家却用画笔来呈现故事，只不过画家所用的方式更易懂、更有趣。”（《达·芬奇笔记》第二部分）

同样地，金字塔结构的应用（比如宗教绘画《岩间圣母》就是最好的例子）也并非达·芬奇首创，弗拉芒画派和神圣罗马帝国的艺术家们在他之前便开始运用这种构图结构。但却是达·芬奇奠定了金字塔结构的理论基础，并论证了其平衡性、空间连贯性及表达丰富性。

[上方及右方] 圣安妮、圣母与怀抱羊羔的耶稣（细节部分）。

圣安妮、圣母与怀抱羊羔的耶稣，又称《圣母子与圣安妮》，1503—1519年。木板油画，168 cm×130 cm，现存于巴黎卢浮宫。

“如雾如烟”

《论绘画》是由达·芬奇的忠实追随者（可能是弗朗切斯科·梅尔齐）参与部分创作的著作，其中记载了达·芬奇关于绘画的笔记和论述。达·芬奇在其中提出了他最著名的绘画理论：晕涂法。书中记载到：“将所画的阴影与光线融合在一起，无需线条，也无需印迹，如雾如烟。”从词源学角度分析，“晕涂法”（sfumato）一词意为“晕色”，可直译为“形状之上的模糊外壳”。实际上，晕涂法是通过使用釉（叠加多个透明色层），打造出一种光滑的质地以及一种朦胧的视觉效果，为绘画笼罩一层诗意的朦胧感。这种方法在达·芬奇最知名的作品《蒙娜丽莎》的后景中运用得淋漓尽致，也体现了达·芬奇炉火纯青的绘画技艺，以及他所追求的艺术与科学的完美融合。

追求绘画中的科学真理

À la recherche d'une vérité scientifique de la peinture

达·芬奇认为，绘画是一门科学，或者说，至少是一门艺术。在中世纪，艺术被定义为“智力活动”。这门科学的研究对象是如何重现自然的真实景象。由此出发，达·芬奇仔细研究了光线在空间中的移动规则，甚至尝试通过“暗箱”，将自然景色投射到一张纸上。这一尝试可看作是19世纪法国人约瑟夫·尼塞福尔·尼埃普斯发明的相片底片的最初雏形。

肖像：灵魂运动的写照

Les portraits, reflets des mouvements de l'âme

在艺术领域，达·芬奇可谓是个离经叛道的人物，但也正是他将肖像画的艺术水平提升至无人能及的高度。从《蒙娜丽莎》到《抱银鼠的女子》，他将自己在解剖学领域获得的研究成果融入了这些伟大的作品中。

《达·芬奇笔记》中关于面部绘画的记录或许能够揭示达·芬奇的肖像画成功之谜：“我认为对于画家来说，创作出令人赏心悦目的肖像并非易事。在这方面天赋不高的画家可以尝试下面这种方法：着重描绘面部相对精致好看的部分，而在选择刻画对象时，应当遵循众人的审美，而避免过度依赖自身的审美，否则，最终你选择的肖像很可能就是一位长得与你很像的人；事实上，人和人长相的相似往往会成为相互吸引的理由，如果你长得很丑，虽然你极力地临摹美丽的面孔，你仍会不自觉

◀《吉内佛拉·班其》，1476年。木板油画，38 cm×37.6 cm，现存于华盛顿美国国家艺术馆。这是达·芬奇在佛罗伦萨的韦罗基奥工作室学习时的首批画作之一。

地丑化某些部分，这就是为什么很多画家的作品都与他们自己有着些许相似之处。”

阅读面部传递出的信息

终其一生，达·芬奇都专注于将在佛罗伦萨进行解剖学研究的成果应用到肖像画中。尤其重要的是，达芬奇将人的面部表情与内心活动紧密联系在一起，通过面部活动表现人内心深处的“灵魂活动”。

此时，距离弗洛伊德的出生还有漫长的数百年，达·芬奇的观点不仅是对人类伦理道德的初探，更是未来心理学研究的预演。我们也由此通过一种全新的方式，感受到了达·芬奇时而虚无时而现实的直观判断力。

除去宗教画作品及《蒙娜丽莎》，达·芬奇共创作了四幅肖像画。值得一提的是，鲜少有关于这四幅肖像的文件记录。

男性肖像

在这四幅肖像画中，只有一幅是男性肖像（创作时间为1485年左右，见本

▲ 戴教士帽的年轻男子肖像，21 cm × 20.3 cm，以银色羽毛笔墨水、白色及栗色提亮、黑色粉笔绘制，现存于伦敦温莎城堡。

光线的秘密

Le mystère de l'éclairage

绝妙的光线运用是这四幅肖像画的共同特点。关于光线，《达·芬奇笔记》中是这样记载的：“作画时，布光需要符合描绘对象所处的自然条件。如果描绘对象位于强烈的太阳光下，在打阴影的同时，也需要使用大面积的明亮色，与头部相邻的其他身体部位也要相对应地在地面上打上阴影；如果绘画时是阴天，则只需稍稍弱化明亮部分和阴影，底部无需再绘制阴影。如果是在室内作画，就需加强光影的对比，画出投影在地上的阴影。总之，要保证你所描绘的每一个肖像都能够从上方获得足够的光照。”

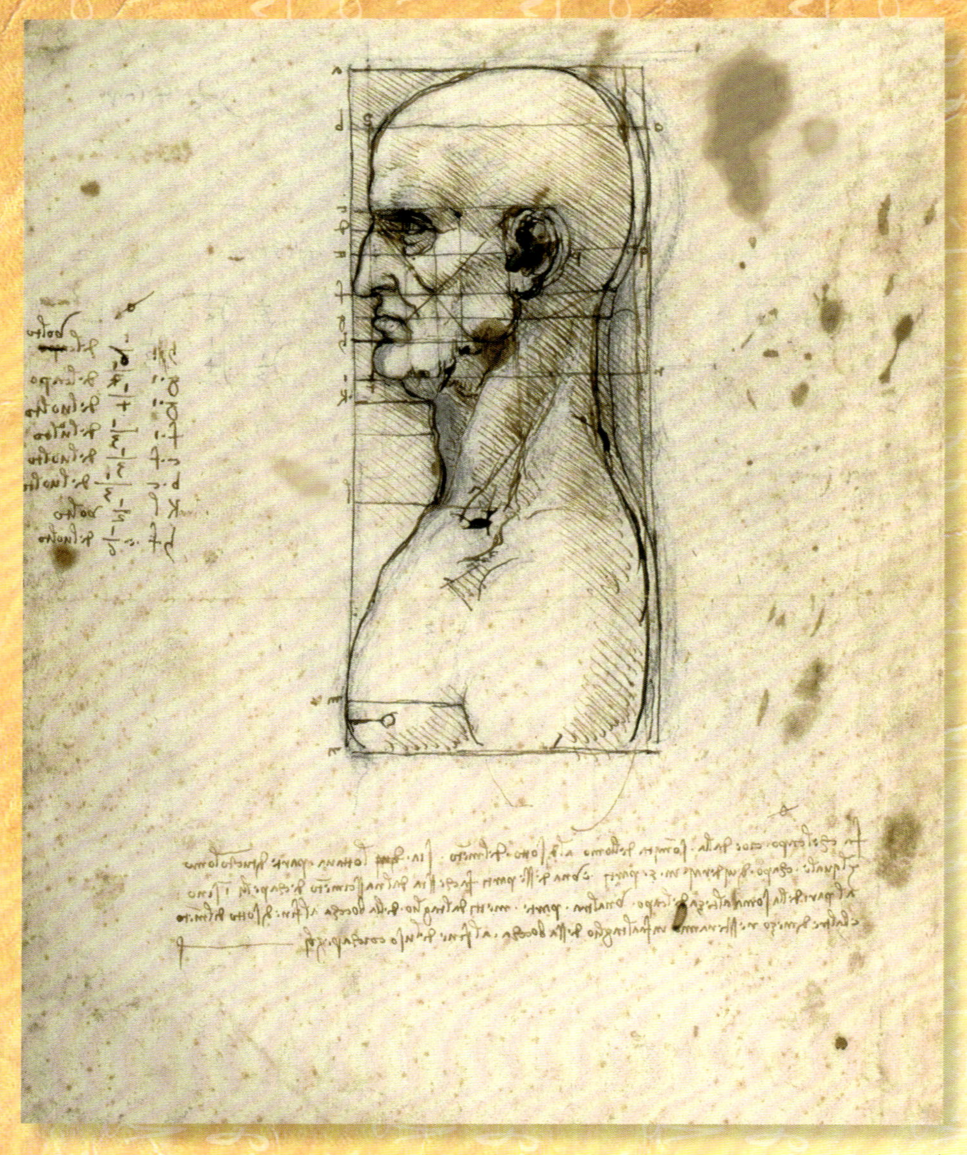

人体头部比例图，1490年左右。羽毛笔石版画，现存于威尼斯研究院美术馆。

书第50页）。画中男子极有可能是米兰大教堂的青年音乐家法朗基诺·加甫里奥，他手中的乐谱出自与达·芬奇同时期的作曲家若斯坎·德普雷之手。

男子的面部是整幅画作最精彩的部分，这张脸上洋溢着对画布之外的一场音乐会的痴迷与憧憬。在看似平和的线条中，我们读出了深层次的内容，那便是这位年轻音乐家内心对于音乐的热情。

《吉内佛拉·班其》

——弗拉芒画派影响下的画作

《吉内佛拉·班其》是亚美利哥·班其之女的肖像，这位女子聪慧美丽，在17岁时嫁给路易吉·迪贝尔纳多·尼科利尼。人们始终认为这幅画是达·芬奇在新人婚礼时受托，于婚后不久完成。肖像中女子的年龄始终是未解之谜（疑惑之处在于画中原本应当是一位非常年轻的女子），一些人认为，这幅画作是达·芬奇受老本博之托进行创作的，老本博是威尼斯特派至佛罗伦萨的使节，曾与吉内佛拉有过一段柏拉图式的情缘，画中的女子表情坚定，这或许正是老

切奇利娅·加莱拉尼的银鼠

L'hermine de Cécilia Gallerani

人们对达·芬奇所创作的《抱银鼠的女子》有着不计其数的诠释。银鼠雪白的皮毛一直被视作纯洁的象征，纤细修长的身躯充分展现了鼬科动物的特点，而画中对银鼠的刻画也再一次证明了达·芬奇对动物世界的热爱。

本博在乱世之中依旧不变初心的写照。《吉内佛拉·班其》虽由达·芬奇原创，但在其中不难看出，画家受到了韦罗基奥的作品《捧花女子》以及弗拉芒画派的影响。

《抱银鼠的女子》

——聪慧女神的肖像

《抱银鼠的女子》绘制于米兰，与达·芬奇的另一幅著名肖像画《费隆妮叶夫人》相同，都是绘于核桃木上的画作。画中的女子名为切奇利娅·加莱拉尼，是米兰公爵卢多维科·斯福尔扎的情妇，为公爵诞有一子，起名为恺撒。这幅肖像画采用四分之三侧面构图，优雅高贵的手部动作和若有若无的头部活动完美体现了达·芬奇的绘画特色。

画中的女子面容秀美，青春洋溢的脸上透露出智慧与深沉。切奇利娅是位聪慧的女子，她通晓诗歌，会说拉丁语，言辞考究，而这一切信息，似乎都已从画中默默无声地传递出来。她将银鼠抱在怀中，指尖轻轻一触，更添了几分女性的高贵与温柔。

《费隆妮叶夫人》

——徘徊在光影之间

达·芬奇在画作《费隆妮叶夫人》中刻画了一个美丽而强硬的女性形象。关于这位女子的原型众说纷纭，其中最令人信服的猜测是：认为画中人物是曼托瓦公爵的情妇之一——卢克丽霞·科里维利。由于达·芬奇的弟子们也曾参与了这幅画的绘制，这增加了画作信息的不确定性，但画中强烈的明暗对比已足够证明它出自达·芬奇之手。&

《抱银鼠的女子》，1490年左右。木板油画，54 cm × 39 cm，现存于波兰克拉科夫恰尔托雷斯基博物馆。

风景画的新理念

Une nouvelle conception du paysage

年轻时的达·芬奇曾游历四方，他的许多科学研究成果都是从对暴雨、洪水、植物开花、积雪、日晒、云朵飘移、月光倒影等自然现象的直接观察中总结而来。1472年，严格的几何构图规则还远未成形，达·芬奇在作品《天使报喜》中描绘了薄雾蒙蒙的背景，充满诗情画意，手法与弗拉芒画派的艺术家流传至意大利的“空间透视法”有着微妙的不同。画中的物体并不随距离的远近区分出尺寸和清晰度的不同，且物体的轮廓也模糊而不可辨。

阿尔卑斯山暴风雨，1503—1505年。铅笔纸本画，现存于皇家图书馆。

当桑德罗·波提切利、安德烈亚·曼特尼亚、米开朗基罗等同时期的艺术家还在关注舞台布置以及新颖建筑时，达·芬奇已经开始从自己的观察中创作真正的风景绘画，他在画中尽可能逼真地呈现出风景原貌。与此同时，他又根据画作的立意，在风景中加入深刻的含义，这一点在宗教画中体现得最为明显。

艺术家的视野

在《论绘画》中，达·芬奇用充满诗意和热情的语言表达了对辽阔自然的崇尚。自然的姿态、启示、色彩甚至是带给人类的恐惧和痛苦，都让他为之着迷。艺术评论家们常常讨论达·芬奇作品中场景与作为背景的自然风景之间存在的紧密关系，却很少有人发现，出于对广袤自然的无限热情，

《酒神巴克斯》，1510—1519年。木板油画，177 cm × 115 cm，现藏于巴黎卢浮宫。

《论绘画》封面（1733年版）。

TRATTATO
DELLA PITTURA
DI LIONARDO
DA VINCI
NUOVAMENTE DATO IN LUCE, COLLA VITA
DELL' ISTESSO AUTORE,
SCRITTA
DA RAFAELLE DU FRESNE.
Si sono giunti i tre libri della Pittura, ed il trattato della Statua di Leon Battista Alberti, colla Vita del medesimo.
E di nuovo ristampato, corretto, ed a maggior perfezione condotto.

IN PARIGI, Appresso Giacomo Langlois, stampatore ordinario del Re Cristianissimo, al Monte S. Genovefa M.DC.LI.
Ed IN NAPOLI, Nella stamperia di Francesco Ricciardo M.DCC.XXXIII.
A spese di Niccola, e Vincenzo Rispoli.
CON LICENZA DE' SUPERIORI.

达·芬奇自身与风景也有着紧密的联系。

“（宗教）画作的神圣特性让画家的思想和上帝的思想有了相似之处，在创作过程中，画家需要像上帝一样进行创造：各种动物、植物、水果、风景、乡村风情、山体坍塌，既有让观赏者望而生畏的惊悚之地，也有充满魅力的、愉悦的、恬静的意境——清风拂过色彩缤纷的花海，荡起温柔的波浪。微风之后，河流突然从高山顶上暴躁地飞泻而下，将朽木、岩石、树根、土地和泡沫等所有阻碍河水激流的物体一并卷走。暴风雨频现的海洋与逆风进行着顽强的抵抗；大海时而掀起一股巨浪，时而浪涛坠落，拍打着海面的狂风，在一阵乱斗后将其制服。随后，海面恢复了平静。有时，狂风也会在这场斗争中占据优势，这时海水便会涌出海面，侵袭周围的海岸，越过山峰，最终坠入河谷。一部分海水被狂风击打成了泡沫；一部分幸免于难，化为雨水回到海洋；还有一部分从高耸的海角坠落，冲刷一切阻碍它坠落的物体。通

画作与“空间”

Le tableau et son « atmosphère »

在《达·芬奇笔记》中，达·芬奇向一位假想的“弟子”传授他是如何创作神圣场景的画作的：“在等距情况下，物体清晰度是根据眼睛与物体之间空气的清晰度来决定的。你可以这样认为：眼睛与物体之间空气的清晰度越大，物体的轮廓就越清楚，反之亦然。慢慢地，你就能总结出物体清晰度与物体和眼睛之间距离长短的关系。”

常，这一部分海水会遭遇一股迎面而来的强劲浪潮，这时它便一跃而起，与空气融合，形成一朵暗藏危机的云朵，由狂风带至海角的隐蔽处，孕育出更多被狂风驾驭的云。”

风景，灵魂的镜子

在《圣母子与圣安妮》等作品中，粗糙的风景与细致入微的肖像形成了鲜明的对比。背景中高耸粗糙的岩石营造出令人不安的气氛，似乎让人觉得画作还没有完成。背景中的物体僵硬、锋利、尖锐、毫无生机，也没有丝毫动植物生长的迹象。而事实上，艺术家是用这种方式来表达自己内心的纠结与挣扎，只是这种纠结在画中人物的脸上并没有体现出一分一毫。

▲ 花卉草图，1485年左右。铅笔纸本画，手稿B。

创作原则——不确定性

风景在宗教画中并不罕见。达·芬奇笔下的风景就像一面镜子，折射出还没有做好最终牺牲准备的母亲与祖母的痛苦。画中没有清晰地体现这些脆弱女性的反抗思想，同样地，背景中山脉的轮廓，也伴随着距离的增加而越来越模糊，直至消失在天际。

▼ 波浪草图，1510—1513年。铅笔纸本画，现存于皇家图书馆。达·芬奇投入了大量精力来研究自然事物及其不同的表现形式。

天才的水利工程师

Le génie de l'hydraulique

几乎所有对达·芬奇的科学思想进行评论的人最终都会达成一个共识：达·芬奇对于水的研究热情远胜于其他研究主题。达·芬奇曾在米兰生活，在威尼斯工作，曾游历伦巴底和艾米利亚-罗马涅，因而经常思考乡村地区洪涝灾害、天然水道疏通、污水净化、沼泽地排水等与水相关的问题，而这些问题对当时社会可谓影响深远。达·芬奇既是发明家，也是工程师，他设计和建造了诸多新颖的水利机械，如果在制造过程中稍加优化，这些机械或已成为建筑、艺术与美学的完美结合体。

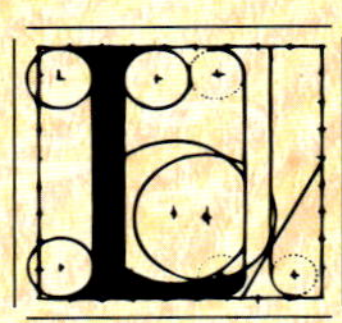

水拥有多种形态，无论是暴风雨来临时湖面上的云，还是初春时节散落在山谷里的雪花，抑或是人们眼角滑下的泪珠，都让达·芬奇为之着迷。

对水的掌控

在水利领域，达·芬奇更多地扮演了工程师的角色。《大西洋古抄本》中的一幅草图描述了如何将米兰那维格利欧运河延伸至圣克里斯托弗。图中清楚地绘出排列于运河内部的三个排水口。在其他提升或降低水位的机械中，达·芬奇也运用了他那令人叹服的天资，然而却始终未曾为这些水利工程提供理论依据。

纳维利奥运河延伸至圣克里斯托弗方案原理图，1509年。纸本画，《大西洋古抄本》第1097r页。

为人所用的水

名为《蓄水池、水道和水闸》的草图较为清楚地体现了达·芬奇在水利工程方面的三大关注点：

▲ 利用水利机械进行水力开发图示，1490年。纸本画，现存于皇家图书馆。

一、如何通过公共蓄水池保证可饮用水的供应；二、如何通过运河整治提高水资源利用率；三、如何通过水闸系统调节水道水位以确保船只通航。

达·芬奇的部分设计最终被应用到了宏伟的工程中，他曾设想对亚诺河进行改造，连通佛罗伦萨与大海。之后，他在法国的索洛涅地区实施了歇尔河的改道方案，将河水引入图尔。另外一些方案则在他过世之后由后人实施，例如拉齐奥沼泽的排水工程，以及在威尼斯实施的保护工程，该工程能够避免因海水倒灌而给威尼斯带来毁灭性损害。

越发复杂的机械设计

《大西洋古抄本》第156页左侧绘有一台螺旋式抽水泵的模型。这台抽水泵通过内外螺旋器的上下作用达到抽水的目的。除此之外，达·芬奇还设计过多个复杂的抽水装置，一些用以从井中汲水，另一些则是为了从河床中抽水，通过水位差获取势能，这些装置都借鉴了阿基米德螺旋式抽水机的工作原理。水轮车也是达·芬奇最常使用的机械，在熟练技工的操作下，水轮车可以将水带至最高处，再由最高处集中落下，以此带来能量。

对布鲁内列斯基的传承

La dette envers Brunelleschi

在水利工程的历史上，达·芬奇与菲利波·布鲁内列斯基的传承关系值得一提。早在文艺复兴前期，布鲁内列斯基便提出了将亚诺河水引流至佛罗伦萨和比萨（紧邻地中海的小城）的设想。布鲁内列斯基曾在1428年就奠定了达·芬奇河流改道方案的理论基础。在这套方案中，达·芬奇试图改变瑟奇奥河（一条长度为111 km的河流）的河道，使河水流向当时正与佛罗伦萨激战的卢卡城，以此作为威胁迫使卢卡军队投降。正因如此，这套方案最终也未给达·芬奇带去荣耀。

洪水之殇

La terreur de l'inondation

在《大西洋古抄本》中，达·芬奇将脑中构想的一场由河水泛滥导致的洪涝灾害描写得淋漓尽致：“要怎样才能形容这样一场可怕可憎的、人类丝毫无力对抗的灾难呢？洪水席卷起惊天巨浪，吞噬高山石岗，摧毁坚固的堤坝，将参天大树连根拔起，混合了泥浆的洪水没过农田，掠夺了辛苦劳作的人民的果实，留下了空荡荡的山谷，呈现出无比凄惨和悲凉的景象。”

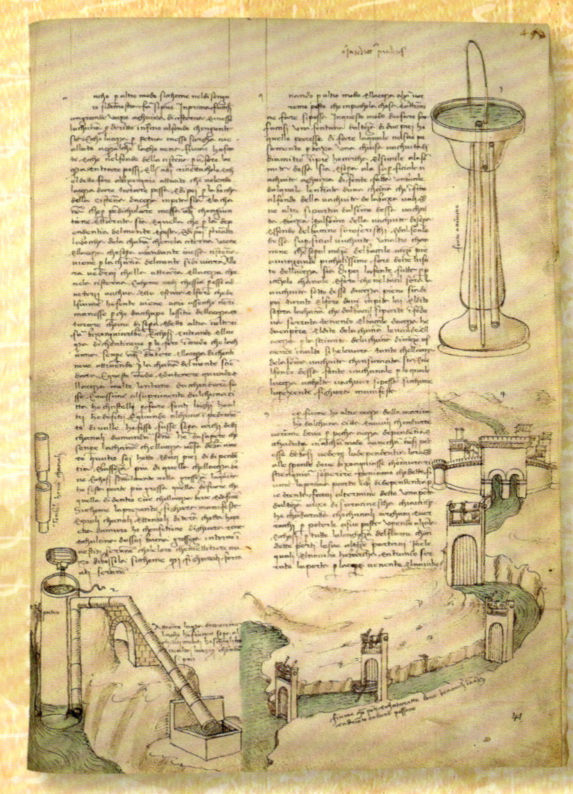

喷泉、水道及水闸，墨水画，《艾仕本罕手稿》第41r页。

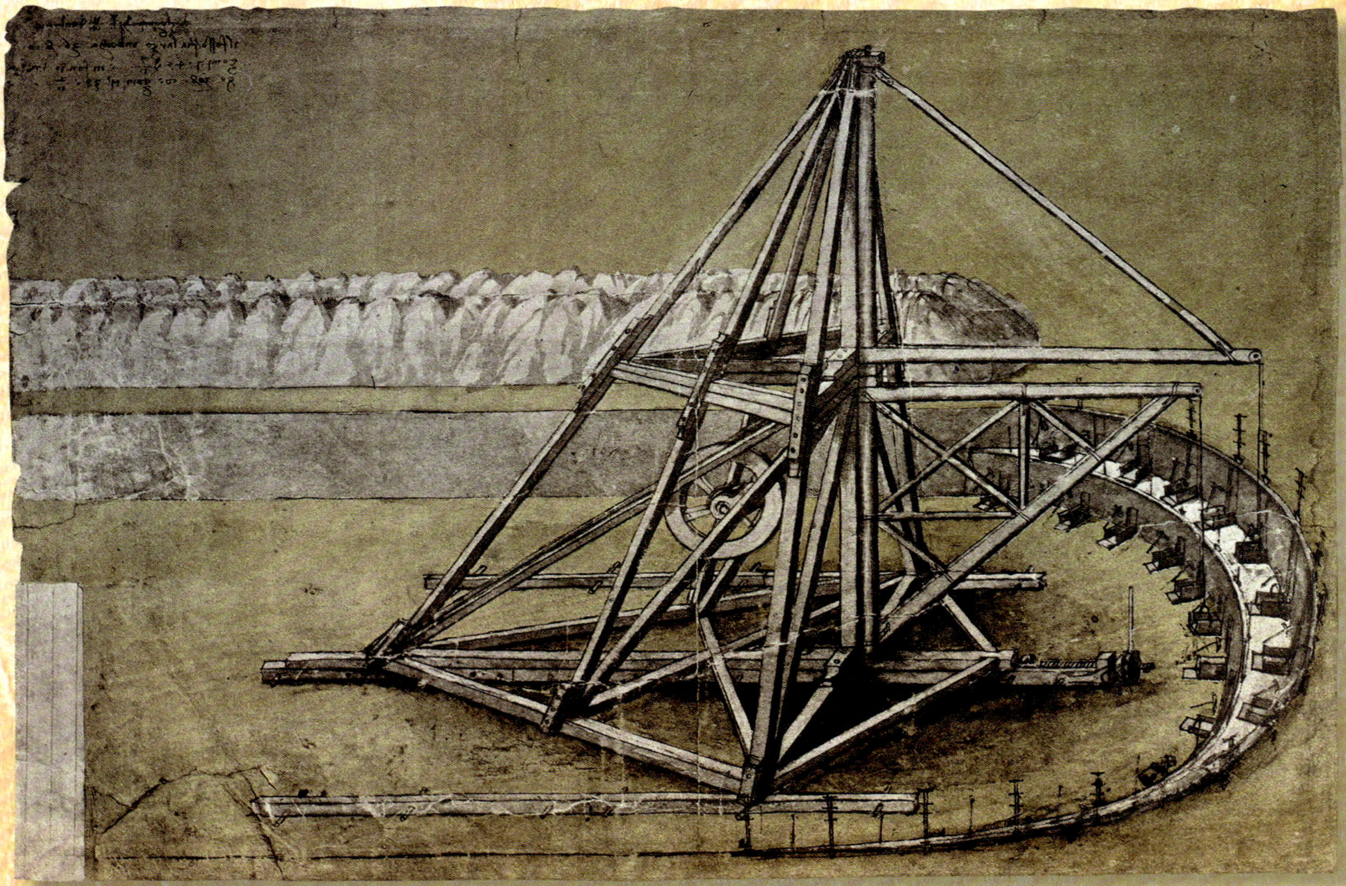

旋转起重机，1503年左右。纸本画，《大西洋古抄本》。这座机械主要用来开凿运河。

在进行这些研究时，达·芬奇倾注了大量的心血，还原复杂齿轮系统的过程更是如此。他思考最多的问题，无过于如何将循环推力转换为交替往复的运动。即便达·芬奇当时的构思或许尚不明确，但我们依然能够再一次感受到这位伟大工程师的目光之长远。

▲《大洪水》，1517—1518年。黑色墨水与灰色水彩绘制，现存于皇家图书馆，编号12376。

神怒之水

在达·芬奇看来，漩涡是水最具吸引力的形态，在草图中，达·芬奇将这种动态的几何图形记录为“液轮”。漩涡的形态让人很容易联想到《圣经》中象征着上帝的愤怒的大洪水。与其他作品一样，达·芬奇创作的关于大洪水的画作也是科学观察与诗意创作的结合。

然而，此处有些不合情理，但从未有人进行过阐述和描写：对于如达·芬奇这般务实的艺术家和工程师来说，天神发怒、地球毁灭，竟是积极的、有益的；激流的漩涡明显象征着世界末日，但是这并非灾难，而是神明的启示。

达·芬奇笔下的水

L'eau selon Vinci

“水，自成一体，是永不停歇的循环。这里、那里、高处、低处，水总是流动的，从不知寂静为何物。它一无所有，却又包罗万物，孕育着流经之处的一切。”（《达·芬奇笔记》）

宗教画：奇特的单一性

La peinture religieuse : une étrange simplicité

尽管达·芬奇并不是虔诚的信徒，但他大部分的绘画创作都与宗教相关。这些画作中，有些呈现了神圣的宗教场景，如《天使报喜》《三博士朝圣》《岩间圣母》《最后的晚餐》《圣母子与圣安妮》等，另一些则是对圣母和圣人的刻画，如《持康乃馨的圣母》《柏诺瓦的圣母》《哺乳圣母》《纺车边的圣母》等。

《天使报喜》绘制于1472年至1475年间，然而直到1907年才最终被确认出自达·芬奇之手。在画中，大天使加百利告知正在阅读《旧约》的圣母玛利亚她已怀孕的消息，天使坚定地站在地上，正在收拢他的翅膀，手中持有一束象征着圣母纯洁的百合花。大天使的轮廓掩映在一片松柏林中，树林之后便是天空。天使从天国降临，亦将回到天国去。

《天使报喜》，1472—1475年。
木板油画，98 cm×217 cm，
现存于佛罗伦萨乌菲齐美术馆。

画面解读

从画中看，这一天阳光明媚，洋溢着节日氛围，精致的小花园内更是如此。一座矮墙充当着栅栏，栅栏中部有一个出口，通向松柏林。整个画面都被愉悦的氛围所萦绕，点缀其中的鲜花也体现了达·芬奇对植物的热爱。

圣母玛利亚的脸庞如天使般美丽端庄，让人们铭记她是如何弥补夏娃所犯的罪过。根据《旧约》的内容，圣母与夏娃是完全相反的象征。画中圣母的面部色彩明艳，与胯部和腿部的深蓝色服饰形成了强烈的视觉反差，令人惊奇。达·芬奇所作的《天使报喜》与传统的同主题作品的唯一相同之处在于，通过一侧的门，能够观察到圣母的卧室。在画中，圣母的读经台上覆盖的一层轻纱，象征着玛利亚是奥林匹斯女神（尤其是维纳斯）的化身。

专注于圣母像

《持康乃馨的圣母》（绘制于1478年左右）、《柏诺瓦的圣母》（绘制于1480年左右）属于达·芬奇的早期作品，很大程度上受到了弗拉芒画派的影响；《哺乳圣母》是达·芬奇根据自己的另一幅画作创作而成，而

[下一个双页]
《最后的晚餐》，1494—1497年。胶漆壁画，460 cm×856 cm，现存于米兰圣玛利亚修道院餐厅穹顶。

《最后的晚餐》，门徒多马、老雅各布及腓力特写。

《纺车边的圣母》至今未曾有复制品可供仔细研究。除去上述几幅与圣母相关的画作外，《岩间圣母》（1485年）及《圣母子与圣安妮》（1510年）两幅作品中同样对圣母像进行了刻画，而且基督耶稣也出现在了这两幅画作中。

《岩间圣母》，结构与光线

《岩间圣母》表现了耶稣道成肉身的场景，画面中包含了圣母、基督耶稣、施洗者约翰以及大天使乌列尔。在自然光线的映衬下，人物的面部明亮柔和，与构成背景的坚硬岩石形成了强烈的反差。画家利用岩石的布局巧妙使用了多种光源，温柔而充满母爱的圣母玛利亚将耶稣转向年幼的约翰。综观整个画面，人物的手势和面部活动相互呼应，整个构图呈金字塔形。

金字塔构图

《圣母子与圣安妮》则体现了另外一种气氛。耶稣怀抱着一只羔羊，象征着即使圣母有心阻拦，耶稣仍将义无反顾地选择牺牲自我。这幅画同样采

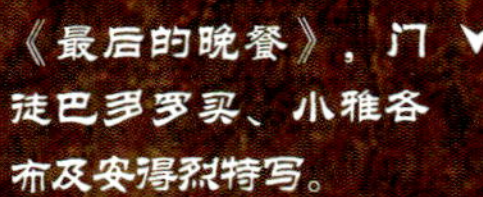

《最后的晚餐》，门徒巴多罗买、小雅各布及安得烈特写。

用了金字塔形构图，画中的自然景象分外肃穆，高耸的岩石将人的目光带往远处逐渐消失在蔚蓝天空的山脉。

“绘画的神圣特性让画家拥有沟通神明的思想”（《论绘画》）

除未完成的《三博士朝圣》（于1481年开始创作）之外，绘于1495年至1498年间的《最后的晚餐》是达·芬奇所作唯一的群像宗教画。

在《最后的晚餐》中，耶稣位于消失线的中心点，围绕在他身边的12位门徒分为四组，每组三人。每个门徒姿态各异，让这幅画作充满了戏剧色彩。在耶稣宣布了他们之中出现了一个叛徒后，每个门徒都做出了强烈的反应：位于耶稣右边第三位的腓力举起手臂证明自己的清白；最左边的巴多罗买同样站起身来，将双手撑在桌面上来表达愤慨。

画中的耶稣张开双手，伸向圣杯并示意门徒们行圣餐礼。在他的左边，约翰凑到大惊失色的彼得耳边窃窃私语。在他们的前方，暗色之中的犹大正攥着出卖耶稣所得的赏钱袋子！值得一提的是，画中耶稣的面部明亮柔和，在暗色背景的映衬下格外夺目。

▲《岩间圣母》，1483—1486年。木板油画，现存于巴黎卢浮宫。画中同时描绘了圣母、基督耶稣、施洗者约翰以及一位天使。

施洗者圣约翰——神秘大作

Saint Jean, l'ultime et mystérieux chef-d'œuvre

《施洗者圣约翰》绘制于1513年至1516年间，现存于巴黎卢浮宫。由于达·芬奇最终未能完成《圣杰罗姆》的创作，《施洗者圣约翰》便成为了他唯一一幅以男性为主角的宗教画作。画中的男子身披野兽皮毛，卷发之下是一张稚气未脱的脸庞——这是达·芬奇画作中非常罕见的男子形象。画中的圣约翰露出神秘的微笑，雌雄同体的特征以及暧昧的姿势引发了诸多评论家的讨论和猜测，其中还包括对达·芬奇性向的猜测。

蒙娜丽莎：完美之作

La Joconde, une réalisation parfaite

在达·芬奇的所有作品当中，无论是绘画还是文字，《蒙娜丽莎》无疑是最能完整体现其思想的作品，这幅画几乎涵盖了从1503年起，到1510年至1513年间达·芬奇全部的艺术和科学研究主题。画中呈现了一个半身女子坐像，背景轮廓模糊，色调暗淡。

画面中坐着一位女子，上半身面对观众，背景是不知名的山地，光线从远处而来。

《蒙娜丽莎》，1503—1513年。木板油画，77 cm×53 cm，现存于巴黎卢浮宫。

一位女子，一道风景

画中的女子年轻贞洁，美丽而不轻佻。与同时期的诸多画作不同，这位女子并没有站在一面女儿墙的后方，而是坐在沙发上。从画中我们仅能辨认出沙发的一个扶手，女子的左手优雅地放在扶手上，呈现出动静结合的画面，动中有静，静中有动。这也让人们再次联想到达·芬奇对运动的研究和探索，他认为运动是生命的象征，在进行人类及动物的解剖学研究过程中，达·芬奇不断探寻着运动的秘密。

不易察觉的运动

蒙娜丽莎的脸上始终带有神秘微笑，可这个微笑却不是轻易便可以刻画的。仔细观察蒙娜丽莎的肢体动作便可了解这种不易。蒙娜丽莎的左手放在沙发的扶手上，沙发放置的位置与观赏者的目光相垂直，因此画面中蒙娜

《蒙娜丽莎》（细部）。

爱国者的盗窃？

Un vol patriotique ?

1911年8月22日早晨，巴黎卢浮宫照常开门迎接世界各地的游客。画家路易斯·贝鲁前往存放《蒙娜丽莎》的展厅准备开始临摹，却惊讶地发现这幅传世之作竟已不翼而飞！警方从各个角度开展调查，多位无政府主义人士都受到了怀疑，纪尧姆·阿波利奈尔接受了长时间的询问，毕加索也接受了多次传讯，然而无论如何寻找，《蒙娜丽莎》始终不见踪影。两年之后，1913年10月10日，一位佛罗伦萨的古董商突然告知海关人员：有人向他出售了一幅画作，而这幅画作就是丢失的《蒙娜丽莎》！盗走这幅画作的人是卢浮宫的工作人员文森佐·佩鲁贾，他将画作藏在玻璃壁柜中，利用卢浮宫周一闭馆的时间，将画作卷在大衣中带离。1914年1月4日，《蒙娜丽莎》重新回到卢浮宫展厅。这位盗贼的供述却充满了爱国主义情怀：他所盗窃的画作，最初就是拿破仑盗窃得来的！他的所作所为，是为了将达·芬奇的巨作归还给意大利。在面对"是否因偷窃画作而获得巨大利益"的问题时，佩鲁贾表示这只是一场游戏。于是乎，佩鲁贾从一个作奸犯科的小偷，变成了国民英雄。最终，他只被象征性地判处了七个月监禁。

丽莎的右手相对较小。落座后，蒙娜丽莎需要将身体转向观赏者的角度，她的胸部和肩部才能呈现出图中的四分之三侧面。

但是画中的运动远不止于此：画家必须让她扭转脖子，才能完整地呈现她的面部。最后，画中最隐蔽但是最重要的运动在于她的双眼。蒙娜丽莎的目光不断延伸，直至聚焦到图画右侧的某一点上。直到17世纪，人们都只能通过《蒙娜丽莎》来欣赏到绘画中惊人的运动细节。

神秘与情色

《蒙娜丽莎》最吸引人的地方莫过于她的含蓄。与神像不同，观赏者在画中看到的是一位沉思的女性，她丝毫不为周遭人的欣赏与赞叹而动容，

《蒙娜丽莎》（细部）。➤

有着标准的女性气息：温柔的目光、柔软的双唇、与生俱来的丰满胸部以及单薄的衣衫，但无论是动作还是神情，都不包含一丝挑逗的意味。

千百年来，蒙娜丽莎的微笑引发了无数人的想象，但从她的微笑中，却看不到快乐；相反地，这个神秘的微笑带着深厚的忧郁，暴露了这位陌生的美人忧伤的内心；同时，画中的蒙娜丽莎交叉的双手也成为了永恒的谜题，人们永远不会了解她的心思。

“世界之谜”

《蒙娜丽莎》不仅是绘画史上和文艺复兴时期的巅峰之作，它还表达了一种因为无法得到所期盼的幸福而悲伤的情绪。置身于一个私密而奢华的环境中，蒙娜丽莎或许会感到不安，或许会被吸引。然而，她却选择了忧伤。某种东西使她心跳加速，而在她的身后，正是她的梦境。女子的胸部往往被视作情色与母性的象征，而正是与她胸部齐平的位置，背景使用了暖色调，并随着暮色的降临慢慢散去。20世纪的艺术家们曾对达·芬奇原作进行过不同程度的改造，如脱去蒙娜丽莎的衣衫，给画作增添诸多的情色意味，将蒙娜丽莎男性化抑或是将画面立体化（费尔南·莱热创作的《蒙娜丽莎与钥匙》）等，但均无一人可以企及原作的高度。

▲《蒙娜丽莎》（细部）。

马塞尔·杜尚的玩笑

Le gag de Marcel Duchamp

1919年，离经叛道的画家马塞尔·杜尚创作了有山羊胡须的蒙娜丽莎，并取名为《L.H.O.O.Q》，这个诡异的名称充满挑逗意味，是法语“elle a chaud au cul”的快读谐音，意为“她的屁股热烘烘”。杜尚的好友弗朗西斯·毕卡比亚在得到杜尚授权后将这幅作品发表在《391》杂志上，但可惜的是，他竟忘记了给蒙娜丽莎画上上挑的山羊胡。

蒙娜丽莎，不朽的陌生人

Mona Lisa, l'immortelle inconnue

蒙娜丽莎这个名字最早见于艺术史之父、意大利文艺复兴时期重要史料《著名画家、雕塑家、建筑家传》的作者乔尔乔·瓦萨里在1550年发表的一篇文章："弗朗切斯科·德尔·乔孔多让达·芬奇为妻子蒙娜丽莎绘制肖像。"

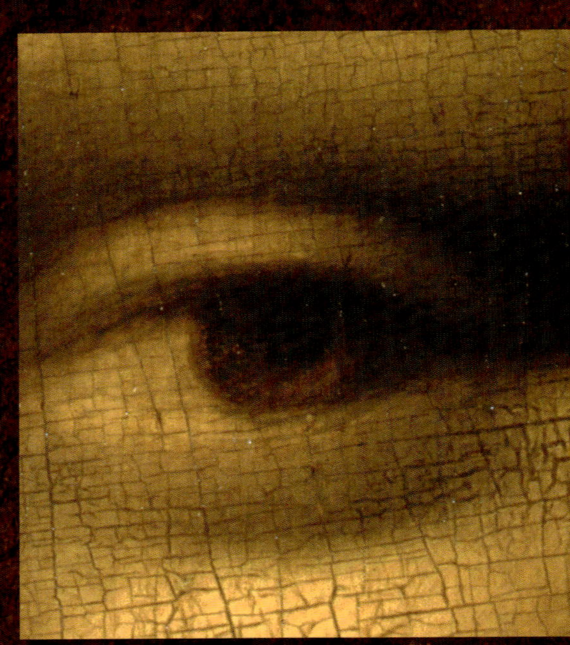

《蒙娜丽莎》（细部），现存于巴黎卢浮宫。

在瓦萨里看来，蒙娜丽莎的原型正是丽莎·玛丽·格拉迪尼，嫁给乔孔多之后更名为丽莎·乔孔多。

女性裸体（蒙娜丽莎），达·芬奇画派作品。牛皮纸黑石画，72 cm×54 cm，藏于尚蒂伊博物馆。

瓦萨里的版本

丽莎于1479年生于佛罗伦萨的一个小康家庭，并于1495年3月16日嫁给丝绸商之子弗朗切斯科·德尔·乔孔多。在此之前，弗朗切斯科的前两任妻子相继去世。丽莎比他的丈夫年轻许多，为他诞育了五个孩子，分别叫作皮耶罗、卡米拉、安德里亚、乔孔多和玛丽埃塔。而"蒙娜丽莎"的称呼则是意大利语中"夫人"（Madonna）与"丽莎"（Lisa）的组合。

没有眉毛的蒙娜丽莎？并不是这样！

Mona épilée... ou non !

根据各类史料的记载，蒙娜丽莎没有眉毛和睫毛是符合时代潮流的，当时的贵妇都会剔除这两部分毛发。长久以来，人们对这一说法深信不疑。但在2007年，法国工程师帕斯卡尔·柯特利用高清扫描技术，仔细研究了画中所有阴影点，并指出达·芬奇在创作之初，非常精细地为蒙娜丽莎绘制了眉毛及睫毛。只不过随着时间的推移，颜料的自然磨损和清洁操作不当让蒙娜丽莎失去了眉毛和睫毛。

达·芬奇或是在1501年前后与蒙娜丽莎的丈夫弗朗切斯科相遇，当时的达·芬奇居住在圣母忠仆会里，达·芬奇的父亲皮耶罗·达·芬奇是圣仆会的公证人。当时忠仆会控制着圣母领报大教堂，弗朗切斯科在那里拥有一座

持茉莉花的女人（凯瑟琳·斯福尔扎肖像），洛伦佐·迪·克雷蒂，1481—1483年。木板油画，75 cm×54 cm，现藏于弗利美术馆。

家族城堡。1503年，弗朗切斯科请达·芬奇为他的妻子绘制肖像。最新研究成果显示，达·芬奇在当年（即1503年）共收到三笔订单，其中一笔就是要求他为蒙娜丽莎创作肖像。

遗留的谜团

那么，这位丈夫是否接受了这幅肖像画呢？事实上，出于某种原因，达·芬奇当时不得不离开佛罗伦萨而前往米兰，因此弗朗切斯科从来没有见到过最终完成的《蒙娜丽莎》。这样一来就出现了另外一个问题：达·芬奇是否如上文描述的那样，曾经受托绘制蒙娜丽莎的肖像？在达·芬奇的所有档案中，并没有任何记录可以证明曾有人为《蒙娜丽莎》付费。再有，在这幅肖像中，丽莎衣着单薄，而且尽管头上披着一层薄纱，但额头仍然裸露在外，弗朗切斯科是否接受了这幅肖像？这些问题看似无解，但有一点是确定的，达·芬奇曾经消失过很长一段时间，在此期间，丽莎于1542年7月15日去世，享年63岁。她的遗体安葬在圣奥索拉女修道院的墓园中，修道院中的卢多维卡修女正是丽莎的女儿玛丽埃塔。2011年5月，意大利考古团队在圣奥索拉墓园发现了蒙娜丽莎的遗骨，然而遗体的复原轮廓也只能证明与画中的女子相似，谜团依旧存在。

有待商榷的真实身份

尽管现有的论据都支持蒙娜丽莎的原型就是丽莎·玛丽·格拉迪尼，但一些历史学家仍在孜孜不倦地提出新的假设。15世纪的弗利公爵夫人凯瑟琳·斯福尔扎也位列讨论名单，画家洛伦佐·迪·克雷蒂曾为她创作过肖像，该肖像如今藏于弗利美术馆中。

朱利安·德·美第奇的情妇帕奇菲卡·布朗迪尼·德·乌尔彼诺也因曾经向达·芬奇订购肖像而被列入候选，不过这位夫人最终并没有如约付款。此外，也有学者认为蒙娜丽莎的原型来源于米开朗基罗的成名作、位于梵蒂冈圣彼得大教堂的雕塑《哀悼基督》中的母性形象，达·芬奇以此为原型进行创作，意在展示他对于童年时光的彻底告别。

蒙娜丽莎本是男儿身？

最后剩下的便是画中人物的性别问题了。画中的蒙娜丽莎有着较为明显的男性特征，而在达·芬奇的众多手稿，甚至在现藏于卢浮宫的《施洗者圣约翰》中都能看出雌雄同体的特征。在对蒙娜丽莎的眼睛进行极其细致的观察后（需要借助超高清的数码技术），能够看到L与S两个字母，分别是达·芬奇与助手萨莱的名字首字母。在创作过程中，萨莱或曾充当过模特。相关的争论仍在继续，但卢浮宫的研究团队否认了这一说法，他们认为磨损老化使得画作表面布满裂纹，已无法作为任何科学研究的依据。

背景——陌生人的身份论证

我们谈论了几个世纪以来蒙娜丽莎依旧不减的神秘魅力，讨论了达·芬奇在创作这幅绘画时所用的技艺，也研究了画作的布光以及晕涂法在其中的体现等。但或许作为背景的风景描绘才是确定蒙娜丽莎真实身份的关键？这种身份，自然不是指护照上的姓名信息，其象征意义才是最重要的。由无数种差别细微的渐变色绘制而成的光与影、远与近、地面与天空，不正是蒙娜丽莎呈现给观赏者的第一重象征意义——梦想与精神的满足吗？

▼ 施洗者约翰，1504—1513年。木板油画，69 cm × 57 cm，现存于巴黎卢浮宫博物馆。

安吉亚里之战：未完成的作品

La bataille d'Anghiari :le mystère d'une œuvre inachevée

几个世纪以来，《安吉亚里之战》始终是艺术史上的一个谜。佛罗伦萨当局在1503年秋天向达·芬奇发出订单，之后于1504年5月4日签订合同确认，但这幅作品最终没有完成。

当时的佛罗伦萨启动了一项纪念城市历史的大型项目，邀请当时最负盛名的艺术家为发生在佛罗伦萨的著名历史事件绘制壁画，达·芬奇的画原打算用于装饰旧宫议事厅（今天的五百人大厅）的墙面。在该项目框架内，达·芬奇再现了1440年6月29日佛罗伦萨与米兰之间爆发的安吉亚里之战；一年之后，米开朗基罗绘制了《卡辛那之战》，再现了那场发生在1364年的战役。

未完成的杰作

1505年，米开朗基罗已经完成壁画的素描草图，同年，达·芬奇宣布放弃这个项目，放弃了他从业以来接到的最大的公家订单（画幅达17 m×7 m），并在第二年离开佛罗伦萨前往米兰。米开朗基罗和达·芬奇的两幅草图后来均在新圣母院和美第奇宫展出，今天我们看到的并不是米开朗基罗的真迹，而是绰号“亚里士多德”的巴斯提亚诺·达·桑加罗的仿品。达·芬奇的原作几乎已无任何踪迹可循，只有个别残片、草稿和复制品经受住了时间的考验，在几百年后仍不断激发着人们的想象力。

达·芬奇居住在新圣母院时，用整整一年的时间完成了草图绘制，并在此基础上创作了一幅小型油画，以此来试验计划在壁画中应用的技术。

安吉亚里之战

La bataille d'Anghiari

1440年6月29日，在托斯卡纳地区的安吉亚里小镇，米兰和佛罗伦萨的军队在一座桥上狭路相逢，双方为了攻下这座桥展开了激烈的战斗，最终以米兰骑兵团落败而告终。根据后世评论家的研究，双方死亡人数的比例可能达到了60：1（共1.1万人参战）！

佛罗伦萨之所以对这场“伟大胜利”大唱赞歌，原因之一在于一旦此役战败，后果将是灾难性的：米兰将控制整个托斯卡纳地区。安吉亚里战役的胜利让佛罗伦萨的盟友教皇尤金四世得以回到罗马，结束了九年的流放生涯。

▲ 为《安吉亚里之战》绘制的习作（“骑兵之战”），1503—1504年。纸本画，14.7 cm×15.5 cm，现存于威尼斯学院美术馆。

“骑兵之战”

Le « Combat des cavaliers »

现存于威尼斯学院美术馆的素描草图（纸本，14.7 cm×15.5 cm）可能是保存下来的最接近原画的作品。草图上半部分，两名骑兵准备杀死一名不幸落马的对手。下半部分是构图更为复杂的两队人马，骑兵和步兵交缠在一起，简洁有力的线条，寥寥几笔便为勒出箭矢飞射的画面，随意卷动的弧线让人几乎能感受到战场上的尘土飞扬和滚滚热浪！壁画创作过程中遇到了意想不到的困难：由于绘画方法不当，最先绘制的部分出现了严重的损坏，最终改变了作品的命运。其中一部分一直保存到1563年，直到瓦萨里的画覆盖了画作最后的痕迹。现如今，为了重现战役的全貌，我们只能参考达·芬奇留下的为数众多的草图。

为《安吉亚里之战》绘制的战士头部特写草图，1504年。纸本红粉笔画，现存于布达佩斯国立美术馆。

战争的概念

纵观保存至今的草图和缩略图，可以看出达·芬奇在创作这幅画时已经达到了令人惊叹的境界：以简洁的意象传达复杂的信息。在表现这场激烈冲突时，画家显得胸有成竹。综合现有的资料，我们可以清楚地看出局部的草图如何一步步融入全局缩略图，可见达·芬奇在最初构思时就从整体入手，以全局性的眼光谋篇布局。

从一位战士身上可以看到所有的战士，从整体中也能辨识出个体。每一位战士的形象只有放到全局中才能表现出战争的疯狂，而在充满矛盾和冲突的群像中，每一张人物面部都细致地刻画出愤怒的表情。尽管每个人的表情各不相同，但他们的作用并不在于表现那些威名赫赫的具体人物，而是作为一个整体，呈现出战争本身的概念。

《安吉亚里之战》战士草图，1504年。纸本红粉笔画，现存于布达佩斯国立美术馆。

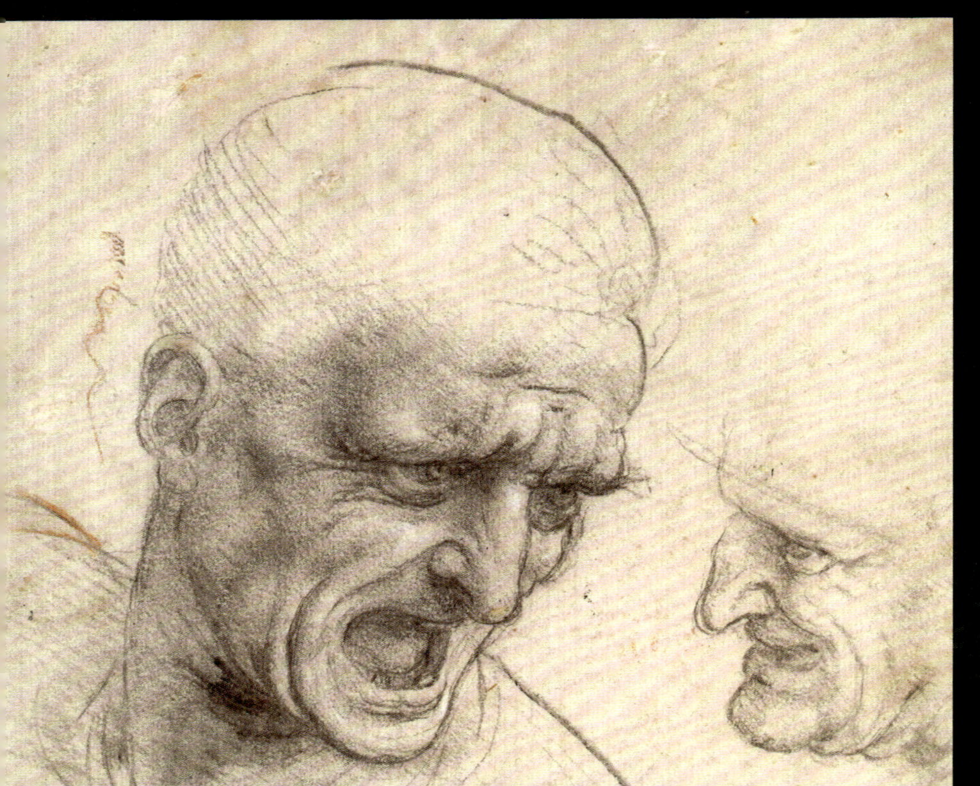

一切皆战争

达·芬奇在表现战场人物时，采用了与描绘风暴、龙卷风和洪水相同的手法，使得参与战斗的人物仿佛笼罩在超自然力量的诅咒之下，被不知名的力量驱动着，奔向沙场，彼此厮杀。我们从画面中看到的不再是具体的人物，而是抽象的真谛：战斗的变化无常。

作为画家、设计师和发

人立的马（为《安吉亚里之战》绘制的草图），1503—1504年。纸本画，现存于皇家图书馆。

捉到了战场上的腥风血雨，以荒谬而残酷的冲突表现世间百态，混乱纠结的形态构成了一面镜子，镜中的骇人形象清晰地映照出自古以来始终凌驾于人类之上的混沌无序，向充满幻想的人们无情地宣告理想国的终结。

战争始终是达·芬奇笔下的主题——真正的战争：人类与无情的大自然相对抗的战争。养育人类也摧毁人类的水是达·芬奇主要的绘画主题。在这位艺术家的创作生涯中，战争的残酷与其作品的宁静构成了鲜明的对比。根据保罗·瓦莱里的理解，达·芬奇认为表现冲突是绘画唯一的意义：“达·芬奇用画笔建起一座座城市，然后万箭齐发，炮弹如雨点般落下，将纸上的城市摧毁，只剩下断壁残垣。”

无名氏临摹的《安吉亚里之战》，现存于佛罗伦萨乌菲齐美术馆。

现实世界：神圣几何的镜像

Le monde, miroir de la géométrie divine

达·芬奇最令人惊奇的天才之处莫过于他充满矛盾的世界观。一方面，在观察、审视、探寻宇宙奥秘时，他一丝不苟，与之同时代者无人能出其右；另一方面，他很清楚眼中所见只是有限的表象，远不足以揭开整个现实世界的真容。他根据眼中所见而不是脑中所想来描绘周围的世界，同时也很清楚仅凭视觉这一种感官绝不足以认清复杂的现实！

诚然，世界上存在众多学者无法给出合理解释的自然现象，达·芬奇没有否认这一点，而是尝试着从科学而非玄学的角度对灵魂做出定义。

后退的上帝

达·芬奇思想的现代性并不在于他证实了某些观点，而在于他提出的质疑。他是第一个承认这种观点的人："既然我们对感官确信无疑的事

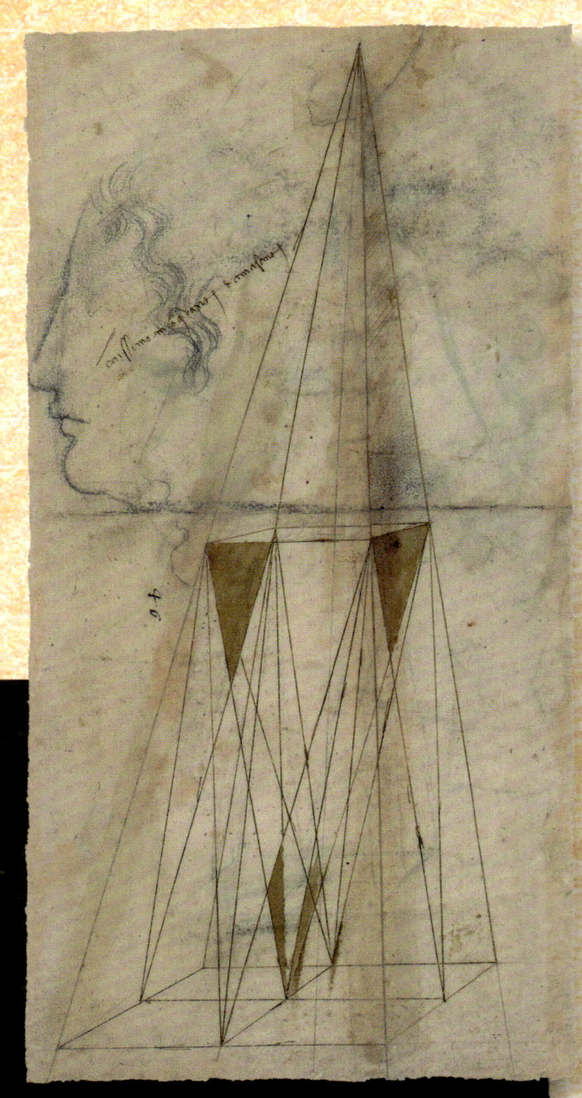

人脸和几何体比例关系图，纸本画，《大西洋古抄本》第786r页。

抽象的结构，生动的轮廓

Structure abstraite, profil vivant

1496年，达·芬奇在米兰结识了数学家卢卡·帕乔利，从此与几何结下了不解之缘，而在沉迷于几何研究的同时，他也在不断深入思考人类面部所蕴藏的奥秘。在《大西洋古抄本》第786页，达·芬奇饶有兴致地玩起了数学游戏：一边是抽象渐变的金字塔结构图（正向或反向），另一边则是寥寥几笔画出的人物侧脸，将二者连接在一起的，只有一句令人费解的注释。

▲ 三维透视研究，1509年。纸本画，《大西洋古抄本》第709r页。

物都感到怀疑，那么对于无法直观感受到的事物，比如上帝和灵魂，我们当然更加将信将疑，难怪总有人质疑甚至驳斥神的存在。”

世界上的神秘力量

达·芬奇从不假装自己已然领悟了大自然的一切奥秘，他只是尽情发挥自己的才能，从大自然中观察并汲取灵感，然后在形式和内容上进行天马行空的创造。

在研究炼金术的过程中，达·芬奇发现可以人为地合成自然界中所没有的化合物，他由此想到，利用几何设计同样可以创造出大自然中不存在的形体，也许可以揭示自然隐秘不为人所知的一面。因此，我们在达·芬奇的手稿中可以看到许多非凡的多面体，平面和棱线组合在一起，构成不可思议的形状。20世纪初，人们根据达·芬奇的几何构想制成了木质模型，让后人真真切切地领略到了数学的纯粹之美与达·芬奇的惊世才华。

与此一脉相承的几何设想还有很多，实体与空间相交错，构成变化多端的几何体，例如《大西洋古抄本》

第709页关于完美立方体和正方形的研究。

根据《神圣比例》中的图纸制成的多面体模型。《神圣比例》一书为卢卡·帕乔利所著，1496—1498年间成书于米兰，1509年于威尼斯出版。书中插图出自达·芬奇之手。

“生者的繁荣”

达·芬奇时常发现，科学与艺术的边界有时格外模糊。然而，达·芬奇从来不会将对世界的感性认识与数学分析混为一谈，他用科学精神探索物质世界运行的规律，同时也为直觉留出了空间。诚然，实体世界从本质上看就像一台巨型机器，数学家的任务就是发现这台机器的运行规律，促进人类的进步。达·芬奇将这台机器真正的奥秘称为“生者的繁荣”，那是一个类似于人与自然结成古老同盟的过程。达·芬奇之所以强调这一点，是因为他的同时代人热衷于新科学的发展，往往低估了自然的重要性。如果人以世界的操纵者自居，那么又是谁在控制这些操纵者呢？因此，除了文艺复兴所颂扬的人文主义之外，达·芬奇

几何线条草图和意大利语注释，1480—1518年。纸本画，《阿伦德尔手稿》第46v页。

截半二十面体

Un tour de force : l'icosidodécaèdre

达·芬奇似乎格外钟情于极其复杂的多面体设计。对他而言，多面体只是一种存在于三维空间的几何体而已，由一定数量的、不同位置的平面构成，平面相交处的线条即为棱线。

对于热衷于在二维的纸或羊皮纸上绘制多面体的爱好者而言，截半二十面体（《大西洋古抄本》第707页）可能是最迷人的挑战之一：截半二十面体由30个规则的正方形、20个正六边形、12个正十边形，以及120个顶点和180条棱线组成！

也致力于在几何学的确定性和自然增长（也就是我们今天所说的生物学）的偶然性之间寻求平衡。

万物皆元素

古希腊人认为："世界万物相生相克，相互转化，因为万物都由元素构成——元素无处不在，不生不灭。"达·芬奇继承了这一理念，开始大胆尝试将客观物理原理、数学分析计算和美学思辨结合在一起。他从"柏拉图的几何体学说"出发，构建起一个将几何体与元素一一对应起来的独特系统：土元素对应立方体，火元素对应棱锥体，水元素对应二十面体（由20个等边三角形构成），风元素对应八面体（由8个等边三角形构成），而十二面体（由12个五边形构成）则象征着浩瀚的天空。

完美的几何体

我们经常在达·芬奇孤独的创作中看到，他为自然界中很难见到（尤其是在显微镜发明之前）的虚拟几何体赋予了切实可感的实体。例如《大西洋古抄本》第308页（背面）下部的奇异图形：将一个球形分解为一系列三角形，这些三角形相互组合叠加在一起，看起来仿佛是玫瑰或星星。这些图形绝不仅仅是无意义的消遣，也不是为了炫耀精湛的技艺，通过这些手稿，我们看到了达·芬奇对"绝对"的欣赏，对人力不可企及的事物的渴望，以及对不可能实现的完美理想的不懈追求。

▼ 最初的截半二十面体示意图，1510年。纸本画，《大西洋古抄本》第707r页。

仰望星空：天文学研究

La tête dans les étoiles : les recherches astronomiques

达·芬奇在光学领域的研究并没有对他的天文学探索发挥太大作用，但他的研究极大地推进了光学这门学科的发展，他对光学发展的贡献远胜于其他学科。关于达·芬奇与光学的故事，还要从他对于用视觉表现世界的漫长思考说起。

装配凹透镜的灯盏草图。灯火从下向上照射，1480年左右。《大西洋古抄本》第1027r页。

在对视觉的生理条件和眼球的运动进行了长期深入的观察之后，达·芬奇将透视划分为若干种类型。作为一名画家，他经常站在观众的角度思考，就像前辈马萨乔在《圣三位一体》中采取的视角一样。

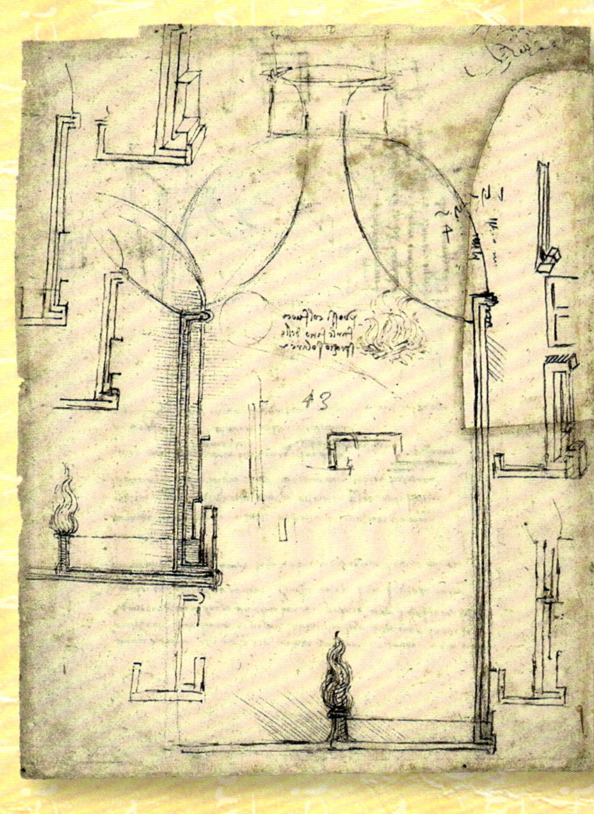

折射的奥秘

达·芬奇在研究五花八门的科学领域时，用画笔记录下的并不是他所看到的，而是他认为自己所看到的。他和所有人一样注意到了一种有趣的光学现象：放在一杯水中的勺子仿佛从中间被折断了；透过装满水的大玻璃罐看去，规则的彩色条纹似乎发生了某种视觉上的扭曲。这就是被称为“折射”的物理现象，即波（例如光线）在两种介质（例如水和空气）的交界处由于介质的化学或物理性质差异而发生传播方向改变的现象。

同时，达·芬奇还注意到，当光束穿过液体表面时，会被分解成几种基本原色。他据此提出了一个被几个世纪后的当代物理学证实的设想：

“如果把一杯水放在窗台上，让阳光照射进来，你会看到我所说的那种现象：阳光穿过水杯，分解成各种颜色，光线其实就是由这些颜色构成的。光线落在地上，落进阴暗的角落消失不见。我们的眼睛其实根本看不见事物的本相，我们可以言之凿凿地说，构成光的各种颜色与我们的肉眼所见毫无关系。”

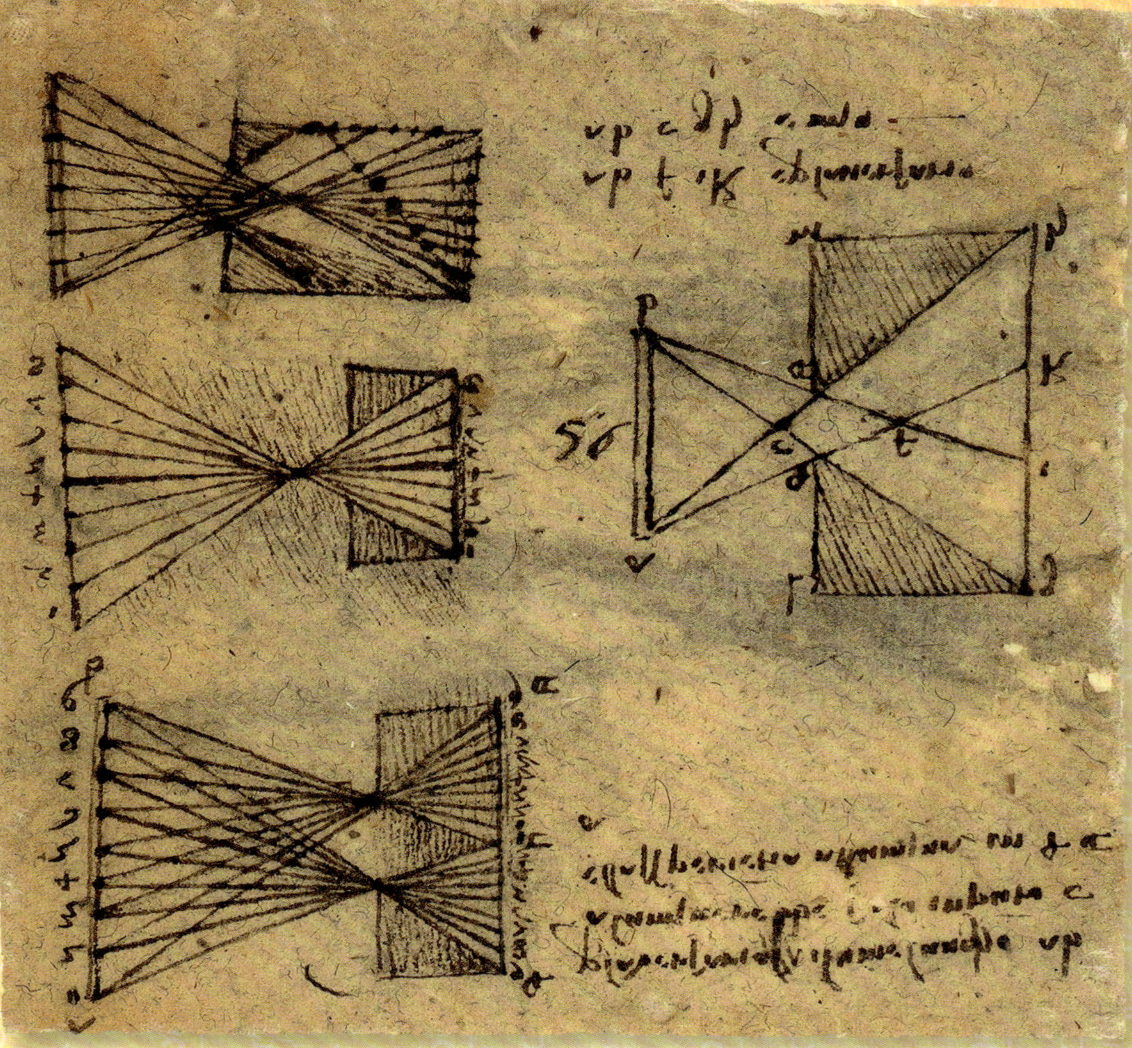

关于光线传播的研究，1480年左右。纸本画，《大西洋古抄本》第420r页。

色彩的世界

达·芬奇确信自己发现了色彩的奥秘，他热情澎湃地研究着自然界最丰富多彩的创造：蝴蝶的翅膀和宝石的色彩——达·芬奇认为宝石的斑斓色彩是由光线分解呈现出来的，而不是简单的色斑和色块。

虽然达·芬奇对于天空为什么呈现出蓝色的认识并不准确（他认为空气中存在无数肉眼不可见的微小粒子，这些颗粒物导致了太阳光的散射），但是他对于彩虹形成原理的解释已经非常接近真相，他指出，阳光穿过悬浮在空气中的雨滴，就会被分解为调色板一般的七色光。

不为人知的方济各会士

Un franciscain qui s'ignore

1224年，亚西西的方济各创作了著名的《对太阳弟兄的颂歌》，这是第一首用意大利语创作的诗歌。三个世纪后，达·芬奇引用这首质朴但韵律优美的抒情诗来歌颂太阳：“宇宙中找不出比他更强大的星体，他的光明照耀着所有飘零在宇宙中的星球。一切生命法则都由太阳主宰，所有生命需要的热量都来源于此；除了太阳之外，宇宙中再也没有其他的光热之源。”

达·芬奇的论证的另一大局限在于他仅是从几何学的角度来理解这一切。他坚持认为地球是宇宙的中心，他在描绘太阳运动时将其称为人类的生命之源，将其称颂为奇迹，这些都体现了达·芬奇的天真。

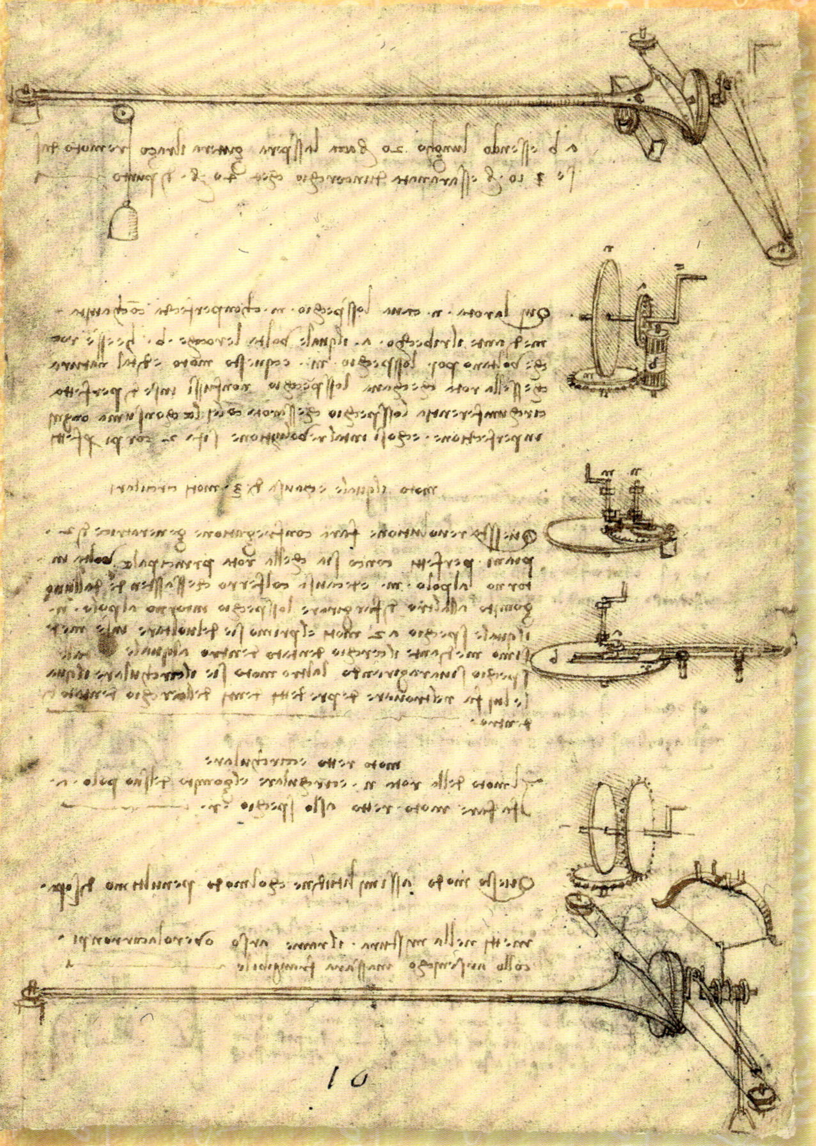

制作凹透镜和平面镜的全套工具，1500年左右。纸本画，《大西洋古抄本》第1103v页。

不可思议的是，达·芬奇并不具备足以为直觉猜想提供科学依据的知识，他在阐释这些原理的时候，更像是一位诗人而不是理论家。

当月球遇上地球

最近，科学界认为达·芬奇足以位列最具天文学直觉的伟大人物之一：他对月球背对太阳一面的“灰光”（当月亮为月牙形时，没有反射太阳光的部分仍然可以用肉眼看到的微弱光线）做出了解释。如今，人类已经能够在太空遨游，对于艺术家达·芬奇对这个小小谜团所做的解答，再也没有人会大惊小怪了：“灰光”在当代科学中又称为“地球反照”，只是地球的反射光投射到月球上形成的二次反射而已！就像地球上的我们在夜晚看到的月球反射的太阳光一样！不过在16世纪，产生这样的构想绝对需要超越常规的想象力，而且这样的设想在当时完全无法被证明。

镜子

Le miroir

为了更好地进行光学实验，达·芬奇孜孜不倦地寻找着最先进的设备，为此，他创造了抛光机，以打磨出绝对规则的镜面。他还利用曲柄原理，实现抛光表面的往复运动和装有磨料的磨具的圆周运动，如《大西洋古抄本》第1103页所示。

非凡学识的局限

达·芬奇之所以将月球想象为一面巨型的镜子，是因为他认为月球完全被海洋覆盖，而且拥有与地球相同的大气层。事实上我们知道，月球上这两个条件都不具备，何况地球的海洋也只能反射部分太阳光，太阳的光辉主要由不规则地包裹着地球的云层反射到地面。这两个细节对于天马行空的达·芬奇来说并不算什么，但却揭示了他知识的缺失和研究的不足——人无完人，有缺点的达·芬奇才显得更有人性。

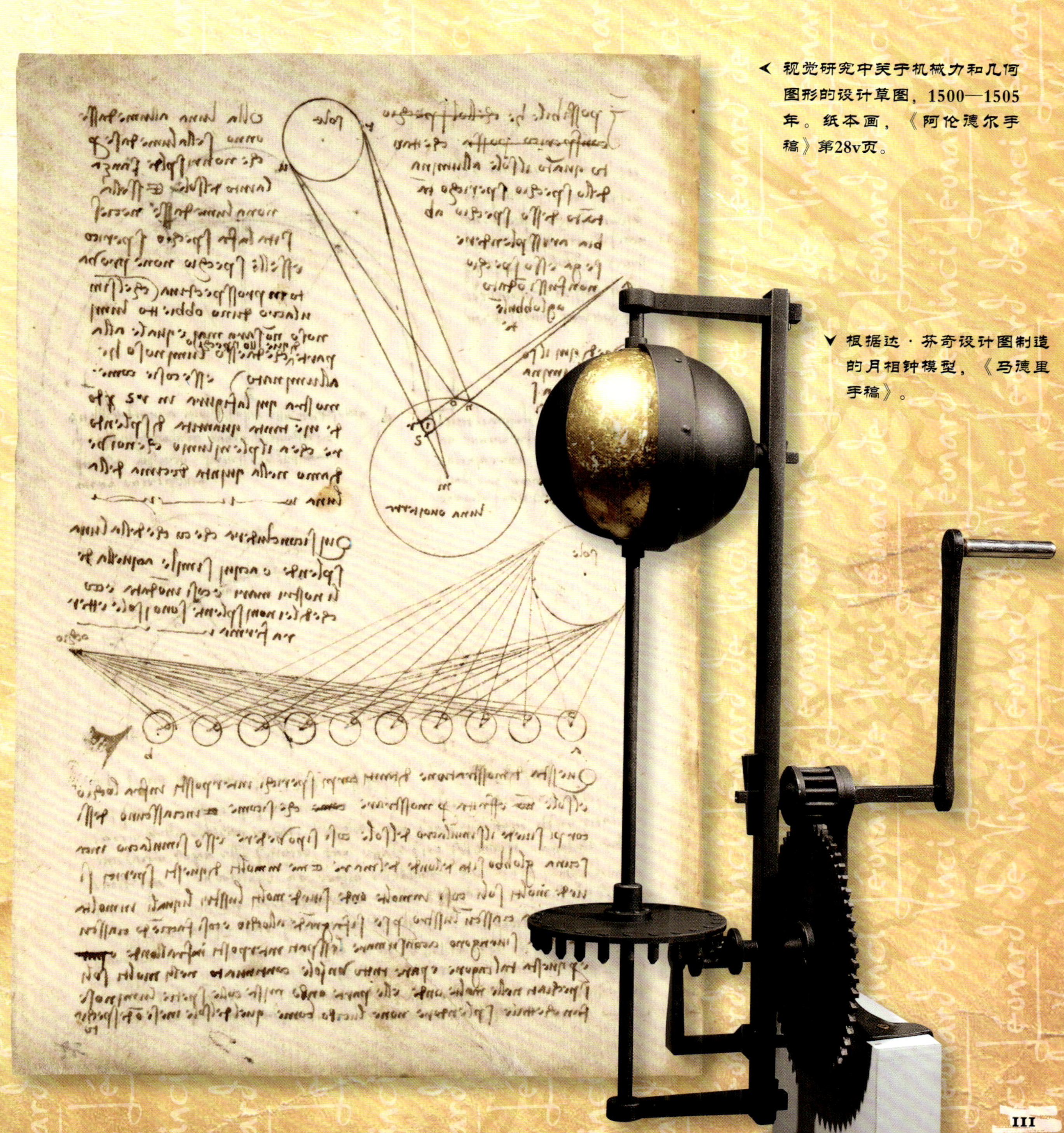

视觉研究中关于机械力和几何图形的设计草图，1500—1505年。纸本画，《阿伦德尔手稿》第28v页。

根据达·芬奇设计图制造的月相钟模型，《马德里手稿》。

从法国宫廷走向人生巅峰

L'apothéose triomphale à la cour de France

1506年，达·芬奇身居佛罗伦萨，而《蒙娜丽莎》还没有完成。时任米兰总督的法国人夏尔·德·昂布瓦兹发现了这位人才，他表示希望达·芬奇前往法国为国王路易十二服务。法国宫廷向达·芬奇提出了优厚的条件，给他提供的好处也十分可观。

达·芬奇认真考虑了这一邀请。第二年，当法国君主亲自表达了希望画家前往法国宫廷的愿望之后，达·芬奇觉得没有理由再推脱了。1508年7月，达·芬奇回到米兰。

达·芬奇在伦巴第首府米兰度过了五年时光，期间也游历了许多地方，这段时间是达·芬奇创作的活跃期。作为工程师，他完成了大量设计草图，包括防御工事、液压机、战争机器和城市规划等；作为画家，他在这段时间完成了许多代表作，尤其著名的有《圣母子与圣安妮》以及《岩间圣母》的第二个版本。此外，达·芬奇再次设计了一座骑马像，计划献给总督特里武尔齐奥，不过这座骑马像同他第一次来到米兰时设计的那座一样，没能从图纸变为现实。

骡背上的达·芬奇

1516年，应前一年刚刚登基的法国国王弗朗索瓦一世邀请，64岁高龄的达·芬奇告别意大利移居法国，与他一同上路的还有他的得意门生弗朗切斯科·梅尔齐、助手萨莱和仆人巴蒂斯塔·德·维拉尼斯。师徒一行人骑着骡子，行李箱塞得鼓鼓囊囊，装满了速写本和达·芬奇的最后三幅重要作品：

《蒙娜丽莎》《圣母子与圣安妮》和《施洗者圣约翰》。

抵达法国后，达·芬奇在距离昂布瓦兹城堡不远的克洛·吕塞城堡安顿下

达·芬奇自画像，约1515年。红粉笔纸本画，33 cm×21.3 cm，现存于都灵皇家图书馆。

来。弗朗索瓦一世为他提供一千金埃居的年金，将其任命为首席御用画师、工程师和建筑师。有这样的优渥条件，达·芬奇以极高的热情和充沛的精力设计出许多大型项目，有些项目得到了落实，但最大胆的设计始终停留在草图阶段。

罗莫朗坦之梦

弗朗索瓦一世的母亲露易丝·德·萨瓦希望在罗莫朗坦附近的小城修建一座宏伟壮丽的皇宫。在这项工程需要解决的众多难题中，最让人头疼的是如何保障用水，同时满足本地用水和周边农田灌溉的需要。

利用此次工程建设的机会，达·芬奇打算将此前在水利研究中收获的科学经验应用到实践当中。从1516年到1518年，这个项目花费了整整两年时间逐步完善，却在达·芬奇去世前一年无果而终。整个工程建设的第一部分是修建皇宫，主体建筑选址在当地河流索德尔河附近，以皇宫为中心打造花园和附属设施，包括一座小型的猎场行宫。整个项目中最有趣的设计是马厩，达·芬奇计划采用当时绝无仅有的设施实现马厩的全自动化。

直到今天，研究人员仍然不清楚这项大型皇宫建设工程为什么半途而废。尤其奇怪的是，这项工程不像达·芬奇其他的构想那样仅仅停留在草图阶段，它已经投入建设，甚至已经具备了最初的雏形。

▲ 克洛·吕塞城堡，建筑前方是根据达·芬奇的设计手稿制作的机械。

克洛·吕塞城堡，达·芬奇最后的安居之所

Le Clos Lucé, dernière demeure de Vinci

卢瓦尔河的小支流阿玛斯河横穿过一片平原，克洛·吕塞城堡就坐落在这片平原之上。粉红色的墙砖和白垩砂岩仍然保持着达·芬奇刚刚来到法国时的模样。现在，这里已经成了博物馆，二楼是达·芬奇1519年5月2日（公历）去世前居住的卧室，还有达·芬奇当年用过的厨房。一楼展示了40台根据达·芬奇的设计图制成的各种模型，室外草坪上则有许多参考达·芬奇素描制成的巨型机器。

废弃之谜

近期考古发掘的成果让我们对达·芬奇以文字和草图说明的总体设计规划有了更明确的认识。在当时的情况下，究竟是什么让国王改变了主意？我们大概永远无法了解真相，但这段轶事的后续部分为我们提供了两条线索：1519年，弗朗索瓦一世开始建设香波堡，这表明罗莫朗坦城堡项目停工并非出于财政上的困难；1527年，国王放弃了将宫廷迁往香波堡的打算，转而将枫丹白露宫修整一新，也许是因为卢瓦尔河谷距离巴黎太过遥远。

昂布瓦兹：舞台布景和人偶

Amboise, mises en scène et automates

法国国王弗朗索瓦一世并不是最了解达·芬奇的人，但他绝对是达·芬奇最显赫的赞助人。二人在1515年12月19日相遇，恰好是弗朗索瓦一世在博洛尼亚取得马里尼亚诺战役大胜三个月之后。说起这次会晤，最广为人知的故事就是弗朗索瓦一世委托达·芬奇制作一只机械狮，这头机械狮能够自己行走，胸口处可以打开并伸出一束百合花——百合是法国王室的标志。

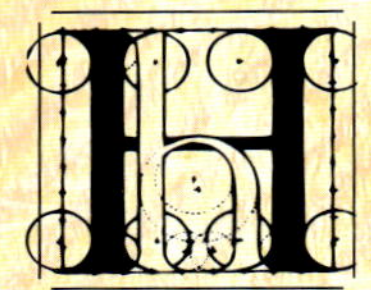

除了法国和新任法国君主当时所享有的声望之外，达·芬奇来到法国之后对这个国度最欣赏的一点就是他作为艺术家的地位得到了尊重——王室毫不犹豫地授予他最高级别的艺术家头衔，同时也没有忽略他的科学研究的价值。

达·芬奇与弗朗索瓦一世：不寻常的际遇

终于，达·芬奇在法国，在昂布瓦兹的法国王室宫廷登上了职业生涯的顶点，成为文艺复兴时期的代表人物，得到了此前无论是在佛罗伦萨、米兰还是罗马都未能得到的赏识和重用。在法国，没有人对他在雕塑或建筑领域的碌碌无为指手画脚。

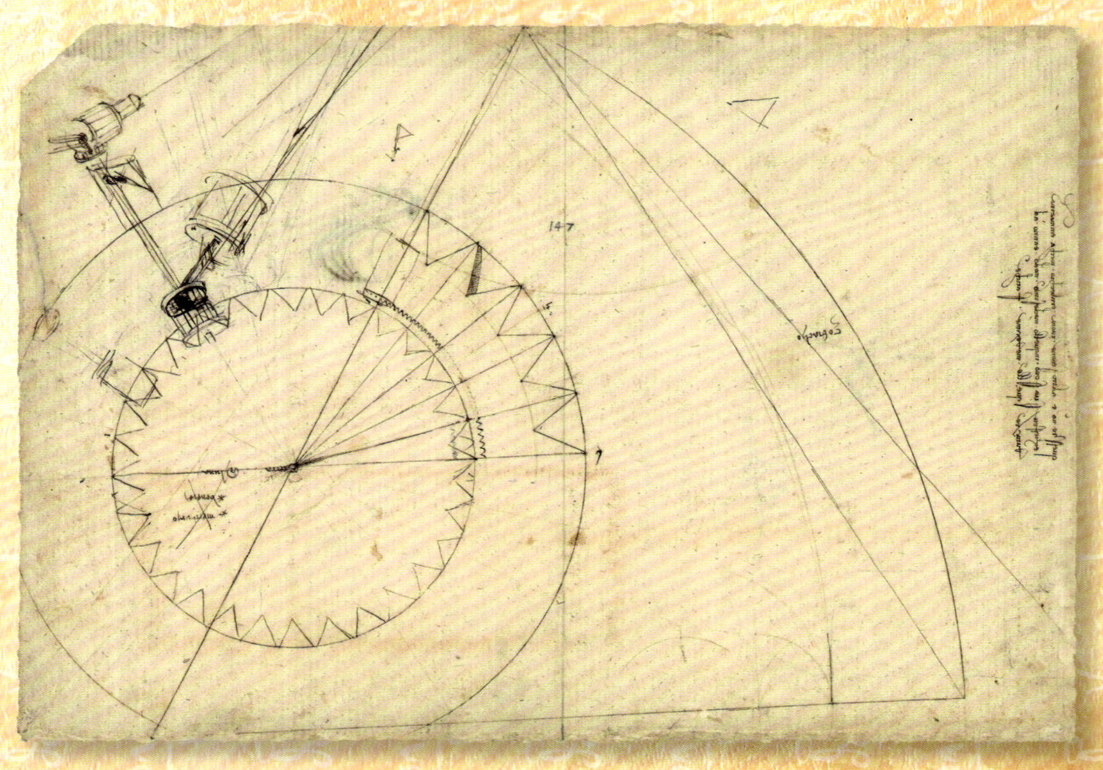

绘有地球、月球、金星、水星和黄道十二宫的大天轮，1518年左右。纸本画，《大西洋古抄本》第956r页。

1496年，詹弗朗切斯科·德·圣塞维利诺在卡亚佐伯爵官邸举办了一场盛大的宫廷节庆。达·芬奇为这场活动设计了一座星空穹顶，行星在滑轮、平衡重和齿轮系统的作用下升起、落下，这一设计显然从达·芬奇此前对飞行的研究中汲取了灵感。

不仅如此，达·芬奇刚刚在克洛·吕塞城堡安顿下来，国王便亲口向他允诺，保证他可以无拘无束地享受“梦想、思考和工作”的自由。两人之间的关系是如此密切（有人认为两人之间有着真正意义上的惺惺相惜之情，甚至可以说是亲情），以至于后世流传着这样的传说：克洛·吕塞城堡与昂布瓦兹城堡之间有地下通道相连，国王和艺术家可以随时悄悄相会！

▲ 安托万·马高（Antoine Macault）为法国国王弗朗索瓦一世朗读其翻译的迪奥多罗斯作品。让·克卢埃，1534年。油画，现存于尚蒂伊孔代博物馆。

人偶

在法国，达·芬奇热情洋溢地投入新领域的工作。右手瘫痪的他无法再作画，但他作为工程师、建筑师和舞台设计者的能力完全没有受到影响，他充分发挥自己的聪明才智，让法国宫廷盛会精彩纷呈。

1518年6月19日，达·芬奇在克洛·吕塞城堡举办了一场节庆盛典，希望借这次庆典感谢法国君主的知遇之恩。这场活动大概让他回忆起了1490年1月13日在米兰举办的天堂盛宴的旧日光景。在助手的协助下，达·芬奇设计了一套极其复杂的机械装置，展示星辰在浩瀚宇宙中的运动。他在与克洛·吕塞毗邻的庭院里搭起一座巨型帐篷，顶部是漆成深蓝色的巨幅幕布。在惟妙惟肖的穹顶之下，人们可以看到行星运行的轨迹，沐浴太阳和月亮的光辉，还可以辨认出黄道十二星座。加利亚佐·维斯康蒂在一封信中写道，奢华的宴会为整个节日庆典画上了完美的句号，连国王本人也对

来自国王的敬意

L'hommage du roi

达·芬奇去世20年之后，始终热爱意大利艺术并为艺术家提供资助的弗朗索瓦一世向天才雕塑家和金银首饰匠本韦努托·切利尼吐露了对达·芬奇的欣赏："世间从未有过像列奥纳多那样博学多识的人，绘画、雕塑和建筑无一不精，而且还是一位伟大的哲学家。"

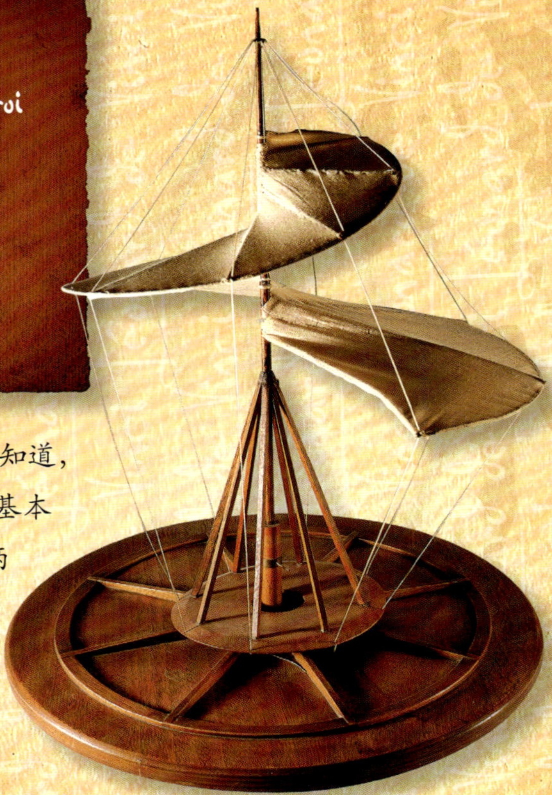

根据达·芬奇的设计草图制成的木质螺旋桨模型。

这场"神迹般的节日"赞不绝口。要知道，在那个时代，夜晚除了月光之外基本没有其他光亮，达·芬奇布置的两排共400座烛台给人的印象无疑相当震撼，那就是一场人类战胜黑夜的精彩大戏！

结局

根据达·芬奇的同时代人路易吉·德·阿拉戈纳在书信中（见框内文字）记载，他所认识的达·芬奇已经是一位疲惫的老者了。

右手瘫痪之后，达·芬奇显得比实际年龄更加苍老，看起来就像一位百岁老

根据达·芬奇的设计草图制成的疏浚船模型。

红衣主教来访

La visite du cardinal

1517年10月10日，红衣主教路易吉·德·阿拉戈纳拜访了达·芬奇。红衣主教的秘书记录了这次会晤："列奥纳多·达·芬奇阁下，年近七十，堪称当世最卓越的画家。他向国王陛下展示了三幅油画作品，一幅是应已故于连二世（内穆尔公爵朱利亚诺·德·美第奇），为佛罗伦萨一位贵妇人绘制的画像；一幅是年轻的施洗者约翰画像；另一幅是圣母和圣子依偎在圣安妮膝头的画像。三幅都是罕见的完美之作。当然，由于画家的右手已经瘫痪，我们大概不能指望他还有更杰出的作品了。"

人。在度过67岁生日的几天后，达·芬奇离开了这个世界。

艺术家的健康状况在过去几年中一直不太稳定，1518年更是进一步恶化。1519年4月23日，病重的达·芬奇请来公证人为他立下遗嘱。根据达·芬奇的遗愿，他最有价值的作品全部赠予弗朗切斯科·梅尔齐，条件是梅尔齐必须物尽其用。或许感觉到大限将至，达·芬奇还请来牧师为他做临终忏悔和涂油礼。1519年5月2日，在克洛·吕塞城堡的卧室里，与拉斐尔和米开朗基罗并称为意大利文艺复兴三杰的达·芬奇就这样离开了人世。

与坊间广为流传的说法相反，达·芬奇去世时，弗朗索瓦一世并不在他身边。当时整个法国宫廷都在圣日耳曼昂莱城堡，等待

直到生命尽头

Jusqu'à la mort

所有见证者都提到，达·芬奇在生命的最后阶段极为从容平静，在克洛·吕塞城堡受到热情的欢迎，身边围绕着忠诚的门徒，朝臣对他满怀敬意，名门贵胄对他也亲切友善。与此同时，见证者也不约而同地提到达·芬奇身体状况的迅速恶化，仿佛一夜之间便垂垂老矣。他很可能遭到了脑血栓的打击，因此导致右手瘫痪。达·芬奇再也不能画画了，但他的科学研究还将继续下去，直到生命的最后时刻。

未来的亨利二世降临人间。根据5月1日达·芬奇逝世前一天的资料，王室敕令清楚无疑地表明国王在巴黎附近地区。此外，在弗朗切斯科·梅尔齐写给弟弟的报丧信中，完全没有提到达·芬奇去世时法国国王在场。

◀ 弗朗切斯科·梅尔齐，列奥纳多·达·芬奇的得意门生和助手。乔万尼·波尔特拉菲奥绘制。

▼ 根据达·芬奇手稿制作的木质扑翼机模型。

天才的阴暗面：梦想与狂热

La part sombre du génie, songes et délires

翻开任何关于达·芬奇的文章或者著作，不难发现“神秘”“古怪”“怪癖”之类的字眼出现频率极高，这些特质似乎已经成为这位艺术家和发明家无法回避的标签。造成这种情况唯一的始作俑者就是达·芬奇自己，他终其一生都在为自己树立与众不同的形象。

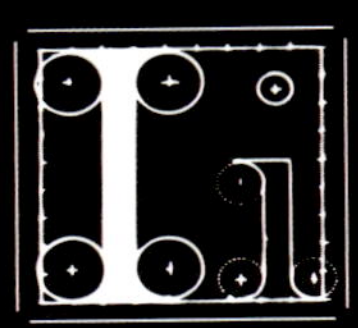

达·芬奇对于他所处的那个时代所使用的“占星家”这一称呼十分不满，但他不会拒绝被称为魔术师，前提是这一称呼涵盖了他在科学层面所取得的成果。

奇形怪状的面具，1490—1495年。纸本画，皇家博物馆，编号12367。

魔术师

在乡村出生并长大的达·芬奇从来没有忘记过自己的出身，在他眼里没有比机械力学更伟大的奇观了。而人们通常所说的他身上的种种怪癖（达·芬奇的同时代人在描述他时频繁使用的一个词汇）往往只是他那不安而时刻警醒的思想所做出的理性表达而已。

不过，达·芬奇确实一直保持着神秘感。他学识渊博，兴趣广泛，还拥有常人难以企及的艺术天分，这一切都令他的同时代人震惊。与此同时，他永远在自己和亲近的人之间树立着一道无形的壁垒。人们对他的某些行为无法理解乃至恶语相向，例如有时在没有解剖学家在场监督的情况下进行人类尸体解剖，他在动物身上进行的某些实验，对于反向书写的热衷以及对加密信息、字谜、数谜和密码的狂热等。事实上，考虑到当时教会严令

达·芬奇与耶稣裹尸布

Léonard et le Saint-Suaire

都灵裹尸布上可以看到耶稣的圣容和相当完整的身体轮廓，关于这块裹尸布的谜团直至今日仍未彻底解开，而它以这样或者那样的方式与达·芬奇的名字联系在一起，想来也并不奇怪。古往今来，不少宗教异端人士都提出，这块裹尸布上的人脸轮廓其实并不是耶稣基督，而是达·芬奇的一幅自画像——一幅在达·芬奇出生前一百年完成的自画像！

禁止人体解剖，动物被视为供人类取用的物品，专利申请完全不存在的历史背景，达·芬奇的种种行为其实完全是情有可原的！

天才的肉体

关于达·芬奇的谜团太多，甚至连他的长相都让人觉得神秘！许多见过达·芬奇的人都提到，他风度翩翩，像奥林匹克运动员一样身形健美，衣着也很讲究。还有一些人则提到他蓄着飘逸的胡须和长发，气度不凡，仿佛出身名门世家。他身边的艺术家们应该给他画了许多幅肖像画，但是今天我们却找不到一幅准确清晰地表现达·芬奇长相的画作。尽管有拉斐尔的《雅典学院》（译注：据传，这幅画作的中心人物柏拉图以达·芬奇为原型）或达·芬奇本人的《三博士朝圣》（译注：这幅画最右边有一位身穿长袍、身形高大的年轻人，据说是29岁左右的达·芬奇的自画像），我们仍然很难确认那是否确实为达·芬奇的肖像。

谜团经久不散

达·芬奇最著名的都灵自画像解答了一些问题，却又提出了更多的问题，笼罩在达·芬奇周围的迷雾更加浓厚，反而让谜团更加疑窦重重。这幅作品画幅很小（33.3 cm×21.4 cm），用红粉笔绘制，现存于都灵皇家图书馆。我们在画面中看到的是一位仪容端庄的老人。然而，这幅画的创作时间在1512年至1515年间，如果它真的是达·芬奇的自画像，那么画面上应该是一位刚刚年满60岁的艺术家才对！

◀ 客迈拉怪兽的戏服，1517—1518年。纸本画，皇家图书馆，编号12369。

▼ 达·芬奇用棕色墨水和渲染技法绘制的狮与龙的战斗。画家将龙定义为与客迈拉兽一样的幻想中的动物。他写道："要想让想象中的怪兽看起来自然，以龙为例，可以将獒犬或短毛垂耳大的头部、猫的眼睛、刺猬的耳朵、野兔的口唇部、狮子的眉毛、雄鸡的额角和龟的脖子组合在一起。"

43

对于这幅神秘的画像，我们可以提出两种解释。第一种可能是，这幅画像的模特不是达·芬奇本人，这是一部分评论家的观点，但没有证据证明。第二种猜测可能性更大：这确实是达·芬奇本人，但是他描绘的是自己长期以来希望后人看到的形象，一位经历了人生酸甜苦辣的智者，达·芬奇用画笔给自己戴上了误导观众的假面具。

对于朋友们争相称颂的身体之美，达·芬奇本人也引以为豪，甚至时常隐约流露出当世之人无人能出其右的优越感。思想深邃伟大，学识渊博，头脑清醒，成就辉煌却虚怀若谷，这就是达·芬奇通过外貌留给人们的印象。

达·芬奇的秘密生活

关于达·芬奇的私人生活，流言、记载和猜想数不胜数。他笔下雌雄同体的人物形象以及他与友人的亲密相处，让许多历史学家提出达·芬奇是同性恋的假设，但没有人能够证明这一点。虽然这方面的真相并不会增加或削弱他的才华和成就，但我们无法否认的是，达·芬奇一生都对自己的情感生活守口如瓶。他的宗教立场也引起了人们的注意。他的科学观察经常与教会的教条发生矛盾，因此达·芬奇常被认为是一个怀疑论者，他对某些宗教人士的鄙夷和批判更是坐实了这种观点。见证了一些高级神职人员穷奢极欲的生活之后，达·芬奇认为他们违背了宗教清心寡欲的教规，沉醉于灯红酒绿、声色犬马而没有丝毫悔过之心。然而临死之前，达·芬奇还是请来了牧师，急于寻求内心的平静，减轻临终前的折磨。所以，让我们尊重达·芬奇高深莫测的沉默吧。

▲ 将角探入水中的独角兽，约1481年。纸本画。

◀ 女性滑稽人像。约1500年。木炭画。

≪ 两名女性、一位僧侣和但丁的漫画像。

最后的颂词

Le dernier éloge

瓦萨里似乎是最早意识到达·芬奇伟大之处的人之一，他明确指出这位艺术家是“佛罗伦萨的幸运，失去他是这座城市无法弥补的损失”。瓦萨里对达·芬奇温和的性格和宽广的胸怀大加赞赏，称颂他气度非凡、虚怀若谷，能够给人心灵的慰藉。最后，他写道：“达·芬奇用自己的天赋让身边所有的朋友都有所收获，无论富裕还是贫穷！”

达·芬奇之谜

L'énigme Vinci

“他的一生原本就非同凡响，而他死后的荣耀和命运或许更令人叹为观止。”（保罗·瓦莱里）

根据达·芬奇的遗愿，60名流浪者跟随达·芬奇的遗体，一路护送他前往最后的安息之地，直到昂布瓦兹城堡的圣夫洛朗坦小教堂。即使在死后，这位伟大的艺术家也要保持神秘感——死后更要保持神秘感。

达·芬奇在生前经历了无数失败，死后却享受至高无上的荣耀，从这个角度来看，他的人生难道不是充满了启示意义吗？

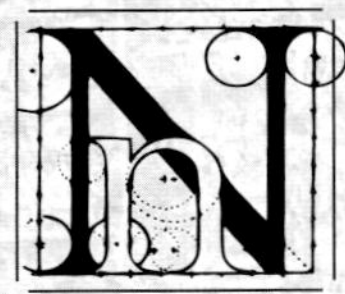

许多评论家和学者表示，达·芬奇并不是一个“有问题”的人，但他的一生确实是一个巨大的谜团。在他漫长的一生中，所有有幸见过他的人，都被达·芬奇的智慧所折服。

拒绝宁静，永远怀疑

五个世纪过去了，达·芬奇的传奇命运仍然吸引着人们的目光，不断产生新的疑问。距离我们更近的保罗·瓦莱里用诗意的语言评价这位拥有伟大直觉的特立独行的怪人：“达·芬奇对绘画、数学计算、科学定义和文字描述都运用自如，信手拈来，对他而言，科学与艺术之间、理论与实践之间、分析与综合之间、逻辑与类比之间似乎没有壁垒分明的界线，当他热情洋溢地投身于创造知识的事业中时，一切外在的差异都不复存在。”（《达·芬奇笔记》前言）

即使在做出最确凿的定论时，达·芬奇也会留下怀疑的空间：感官的怀疑、理性的怀疑和直觉的怀疑。他唯一确定无疑的就是，人必须始终保有怀疑精神，拒绝在已经得到试验和经验确证的知识领域安于现状，决不能固步自封。

洪水草图，1517—1518年。黑色粉笔纸本画，现存于皇家图书馆，编号12377。

露出地表的岩石草图，约1510年。纸本画，皇家图书馆，编号12394。

永恒的谜团

会不会有一天，当我们提到达·芬奇的时候，首先想到的不再是“谜”，而是别的某个词汇呢？就在不久之前，一个专家组对达·芬奇的晕涂法进行了研究，通过一系列最尖端的当代科学手段，仔细分析了这种模糊线条和边界轮廓，轮廓宛如烟雾一般的绘画技法。达·芬奇是如何掌握运用这一技法的？这仍然是一个谜。

大自然始终是达·芬奇研究探索的出发点和终点，既是他的灵感来源，也是他欣赏崇拜的对象。在他生命中的最后几年里，他愈发迷恋关于大自然的重大理论的探究，他越来越深入地认识到，大自然体现着宇宙的深邃规律，而后者正是他一直孜孜以求的真理。

面对未知的渊薮，达·芬奇对知识的渴求从来没有如此强烈过。《阿伦德尔手稿》中的记载便是明证：“强烈的渴望驱使着我，我迫不及待地想要看到鬼斧神工的大自然创造出的千姿百态，我穿过一片奇崛的怪石，来到一座巨大山洞的洞口，我在那里停下了脚步。我目瞪口呆，因为此前完全不知道还有这样一处所在。我在那里站了一会儿，两种情绪彼此交缠：恐惧和欲望。黑暗而险恶的洞穴让我感到恐惧，但我也渴望深入其中一探究竟，看看那里是否掩藏着瑰丽的奇观。”

人与自然：神秘的联系

L'homme et la nature : les mystérieuses affinités

或许最让达·芬奇不能接受的一种思想，就是将人视为整个物理世界的中心，在他看来，以人类的感官作为衡量世界的标尺是极其荒谬的。这一点可以解释他在“手稿H”中对自然和人体的器官组织进行的大胆类比：“山中涌出的清泉水就是维持大山生命的血液。无论在山顶还是山坡，一旦有河流干涸，大自然就会慷慨地降下雨水，帮助大山休养生息，涵养水源，弥补流失的液体，就像人体受伤流血后需要包扎一样。然后我们可以看到，血液在皮肤下流动，导致伤口的肿胀，那其实是在为感染的组织疗伤。同样地，如果山顶失去了生命的源流，大自然会为它补充液体，将大山底部的水体送上缺水的山巅；至于山脚的源流，大自然也不会任其干涸，会有江河水源源不断地涌来，维持水体的平衡。”达·芬奇深刻的直觉认识是如此超前，很久之后，直到笛卡尔和歌德的时代才将他的理论进一步发扬光大。

达·芬奇的信

Transcription

本书第49页：达·芬奇致米兰公爵卢多维科·斯福尔扎的信。1482年，那一年达·芬奇30岁。

尊敬的阁下：

在拜访了那些自称为新式战争机器发明大师的人们，并研究了他们的机器之后，我认为这些机器与目前常用的机器没有任何本质区别。在此，我无意冒犯任何人，但我希望向阁下透露一些我个人的机密研究，简要罗列如下：

我有办法搭建轻便易于携带的桥梁，可用于追捕溃逃的敌人；也有能够抵御火攻和人梯的更加坚固的桥梁，同样易于安装和拆卸。此外，我也有办法烧毁或摧毁敌方的桥梁。

如果有场地可以演示，我将展示如何把护城河里的水排干，然后搭建云梯和其他攻城工具。

1.如果攻击目标的高度和强度足以抵御炮击，那么我有办法从底部摧毁整座工事，只要地基不是石砌即可。

2.我可以制造简便易于携带的火炮，向敌方投掷可燃物体，烟雾和火苗可以造成巨大的伤害，起到极大的震慑作用。

3.我有办法悄无声息地挖掘狭窄曲折的地下通道，从地底穿过护城河和其他河流。

4.我可以建造有保护层覆盖的、坚不可摧的炮车，车上装载大炮，可以撕开敌方阵线，击垮最坚固的阵型。步兵可以轻松地跟在后面。我可以修造大炮、迫击炮和喷火机，根据具体用途为其设计不同的造型，使之更加实用。

5.在不能使用大炮的场地，可以用投石器和齿轮射箭机代替，效果惊人、前所未有。另外，我还能设计出无限攻击的方法。

6.如果是海战，我有许多性能强大的机器可用于进攻和防御，还有能够经受烈火、火药和烟雾的战船。

7.和平时期，在建筑、修建私有和公共纪念碑以及水利工程方面我都不输给任何人。我可以制作大理石、青铜和陶土雕塑。在绘画方面，但凡别人能够做到的，我都可以做到。此外，我将继续为您修造青铜马雕像，以此向令尊和伟大的斯福尔扎家族致以永恒的敬意！

如果上文中列出的任何一项在您看来不可能完成或者不切实际，我可以在您的领地或任何您喜欢的地方为您演示。在此谨向您致以我最恳切的敬意！

达·芬奇大事年表

Repères chronologiques

儒略历1452年4月15日

(公历4月23日)

列奥纳多·达·芬奇出生于托斯卡纳小镇芬奇。由祖父抚养长大。

1465—1467年

前往佛罗伦萨，在安德烈·德尔·韦罗基奥的工作室学习，开始接触素描、油画、机械设计、建筑、雕塑和金银器加工等技艺。

1472年

开始在佛罗伦萨崭露头角。

1473年

1473年8月5日，大圣母节（意大利天主教当地节日）。达·芬奇完成了第一幅素描作品，描绘了亚诺河谷的风光。

1476年

达·芬奇与工作室的其他学徒因迫害而被指控，因证据不足，指控被撤销。

1478年

达·芬奇接到第一批公共机构的订单。开始系统地做笔记，完成“手稿B”（即最早一部手稿），其中收录了关于武器的记录和各类机械和建筑设计草图。

1482年

达·芬奇离开佛罗伦萨前往米兰。成为米兰公爵卢多维科·斯福尔扎的工程师。

1485年4月25日

签订创作《岩间圣母》的合同。

1485年

米兰爆发鼠疫。达·芬奇为这座城市设计了新的城市规划平面图。

1488年

为弗朗切斯科·斯福尔扎骑马像绘制第一批草图。

1489年

为米兰公爵吉安·加里亚佐·斯福尔扎与伊莎贝拉·德·阿拉贡的婚礼策划庆典。

1490年

创作《维特鲁威人》。

1496年

达·芬奇结识了数学家卢卡·帕乔利。开始算数研究。

1498年

达·芬奇用植物元素装饰了斯福尔扎城堡的一座客厅，被称为“天轴厅”。

1499年

达·芬奇离开米兰。

1500年

前往威尼斯、曼图亚和佛罗伦萨旅行。

1502年

达·芬奇成为教皇亚历山大六世之子、教会军统领切萨雷·波吉亚（Cesare Borgia）的军事工程师。

1503年

达·芬奇回到佛罗伦萨。接受为旧宫绘制壁画《安吉亚里之战》的订单。

1504年

开始创作《蒙娜丽莎》。

1505年

达·芬奇开始研究飞行器。

1509年

开始创作《圣母子与圣安妮》。

1510—1511年

开始创作《施洗者圣约翰》。

1514年

达·芬奇参与沼泽排水工程，主持桥梁修建项目。

1516年

应法国国王弗朗索瓦一世邀请前往昂布瓦兹。

1518年

设计法国卢瓦尔河谷地区的罗莫朗坦大型皇宫建设和引水灌溉项目。

儒略历1519年4月23日

(公历5月2日)

达·芬奇在克洛·吕塞城堡去世。安葬于昂布瓦兹的圣夫洛朗坦小教堂。

专有名词说明

Glossaire

音域 Ambitus：

音乐创作中最高音与最低音之间的范围；引申义为两个相反概念之间的距离。

手稿/古抄本 Codex：

源自拉丁文，指一系列相互关联的纸本资料；印刷书籍的前身。

雇佣兵队长 Condottiere：

源自意大利文，即领导者、向导。

炫彩 Diaprure：

多种颜色和光泽形成的闪色效果。

开场白 Exorde：

讲话的第一部分；引申义为简介。

对开页 Folio：

由正面和反面构成的一面书页；引申义为印刷品或手稿的页码。本书中手稿页码皆以对开页正反面表示。

滑音 Glissando：

从一个音符连续不间断地滑向另一个音符；汽笛可发出完美的滑音。

滑稽肖像 Grotesque：

文艺复兴时期的装饰元素，多见于古代意大利遗迹；引申义为各种滑稽奇怪的装饰。

渲染画 Lavis：

仅用一种颜色渲染而成的画作。产自中国的墨水是绘制渲染画的理想材料。

牧歌 Madrigal：

意大利16世纪的音乐类型，推动了五音歌谣向鲁特琴伴奏抒情独唱的演进，促进了歌剧的诞生。

跖行动物 Plantigrade：

和人类一样用前肢的腕、掌、指或后肢的跗、跖、趾全部着地行走的动物（熊、鼠、鼬、刺猬等）。

正面（正文中页码后的r）Recto：

源自拉丁文，指一个对开页的正面。

折射 Réfraction：

光波或声波穿过不同介质之间的界面时发生的方向的改变。

皇家图书馆 Royal Library：

位于英国温莎城堡的国家级图书馆，藏有达·芬奇的大量手稿。

晕涂法 Sfumato：

绘画技法的一种，通过细微的画面堆砌形成的仿佛烟雾笼罩般的模糊效果。

反面（正文中页码后的v）Verso：

源自拉丁文，指一个对开页的背面。

螺杆 Vis：

外表面切有螺旋槽的圆柱形杆件。

人名地名对照表

Index des noms propres

波利齐亚诺（本名安杰洛·安布罗吉尼）
Agnolo Poliziano

亚比耶拉·迪·乔万尼·阿马多里
Albiera di Giovanni Amadori

亚历桑德罗·莱奥帕尔迪
Alessandro Leopardi

阿玛迪奥
Amadeo

安布罗乔·德·普雷迪斯
Ambrogio de Predis

亚美瑞格·班其
Amerigo Benci

安奇雅诺
Anchiano

安德里亚·比安奇（又名维斯皮诺）
Andrea Bianchi

安德烈·德尔·韦罗基奥
Andrea del Verrocchio

安德里亚·曼特尼亚
Andrea Mantegna

安托万·马高
Antoine Macault

安东尼奥·达·芬奇
Antonio da Vinci

《建筑十书》
Architectura libri decem

亚诺河
Arno

阿维森纳（别名伊本·西拿）
Avicenna

巴斯提亚诺·达·桑加罗
Bastiano da Sangallo

本韦努托·切利尼
Benvenuto Cellin

老本博
Bernardo Bembo

安布罗西亚纳图书馆
Biblioteca Ambrosiana

西班牙国家图书馆
Biblioteca Nacional de España

都灵皇家图书馆
Biblioteca Reale

都灵皇家图书馆
Biblioteca Reale di Torino

斯福尔扎城堡图书馆
Bibliothèque milanaise du château des Sforza

博纳蒂
Bonatti

波提切利
Botticelli

布拉曼特
Bramante

大英博物馆
British Museum

《对太阳弟兄的颂歌》
"Cantico di Frate Sole"

卡泰丽娜
Caterina

凯瑟琳·斯福尔扎
Catherine Sforza

《达·芬奇的马》
Cavallo di Leonardo

切奇利娅·加莱拉尼
Cécilia Gallerani

切萨雷·波吉亚（又名恺撒·博尔吉亚）
César Borgia

切塞纳
Cesena

切塞纳蒂科
Cesenatico

尚蒂伊
Chantilly

夏尔·德·昂布瓦兹
Charles d'Amboise

齐奥利
Cigoli

克洛·吕塞城堡
Clos Lucé

《阿伦德尔手稿》
Codex Arundel

《大西洋古抄本》
Codex Atlantique

《马德里手稿》
Codex de Madrid

《佛斯特手稿》
Codex Forster

《莱斯特手稿》
Codex Leicester

《鸟类飞行手稿》
Codex sur le vol des oiseaux

《提福兹欧手稿》
Codex Trivulzianus

巴托洛梅奥·科莱奥尼
Colleoni d'Andrea Verrocchio

《神圣比例纲要》
Compendium de divina proporzione

克雷森齐
Crescenzi

《论绘画》
De pictura

《几何原本》
De prospectiva

多纳泰罗
Donatello

欧几里得
Euclide

欧仁·弗雷西
Eugène Freyssinet

菲利波·布鲁内列斯基
Filippo Brunelleschi

弗拉·安杰利科修士
Fra Angelico

弗拉·卡尼维尔
Fra Carnevale

亚西西的方济各
Francesco d'Assisi

弗朗切斯科·德尔·乔孔多
Francesco del Giocondo

弗朗切斯科·梅尔齐
Francesco Melzi

弗朗切斯科·斯福尔扎
Francesco Sforza

法朗基诺·加甫里奥
Franchini Gaffurio

加利亚佐·维斯康蒂
Galeazzo Visconti

加塔梅拉塔骑马像
Gattamelata

杰拉德·德尼佐
Gérard Denizeau

多梅尼哥·基尔兰达约
Domenico Ghirlandaio

吉安·加里亚佐·斯福尔扎
Gian Galeazzo Sforza

弗朗切斯科·德·圣塞维利诺
Gianfrancesco da Sanseverino

吉内佛拉·班其
Ginevra de Benci

乔尔乔·瓦萨里
Giorgio Vasari

乔尔乔纳
Giorgione

乔托
Giotto

乔万尼·波尔特拉菲奥
Giovanni Boltraffio

朱利亚诺·达·桑迦洛
Giuliano da Sangallo

《医典》
Il canone della medicina

伊莫拉
Imola

法兰西学会
Institut de France

伊莎贝拉·德·阿拉贡
Isabella d'Aragona

让·克卢埃
Jean Clouet

约瑟夫·莫尼耶
Joseph Monier

若斯坎·德普雷
Josquin des Prez

朱利安·德·美第奇
Julien de Médicis

康拉德·凯泽
Konrad Kyeser

勒·柯布西耶
Le Corbusier

莱昂·巴蒂斯塔·阿尔伯蒂
Leon Battista Alberti

列奥纳多·达·芬奇
Leonardo da Vinci

《众星之书》
Liber astronomicus

《建筑之书》
Libro d'architettura

《农事书》
Libro dell'agricoltura

丽莎·玛丽·格拉迪尼
Lisa Maria Gherardini

洛什
Loches

洛伦佐·迪·克雷蒂
Lorenzi di Credi

洛伦佐·德·美第奇
（即“伟大的洛伦佐”）
Lorenzo de' Medici

洛伦佐·吉贝尔蒂
Lorenzo Ghiberti

路易斯·贝鲁
Louis Béroud

露易丝·德·萨瓦
Louise de Savoie

卢卡·帕乔利
Luca Pacioli

卢克雷齐娅·克里韦利
Lucrezia Crivelli

卢多维科·斯福尔扎
Ludovic Sforza

路多维克·卡尔第
Ludovico Cardi

路易吉·德·阿拉戈纳
Luigi d'Aragona

路易吉·迪·贝尔纳多·尼科利尼
Luigi di Bernardo Nicolini

马肯托尼欧·德拉·托雷
Marcantonio della Torre

马塞尔·杜尚
Marcel Duchamp

马凯
Marches

马可·奥勒留
Marco Aurelio

盖乌斯·马略
Gaius Marius

马尔西利奥·费奇诺
Marsilio Ficino

马萨乔
Masaccio

米开罗佐·迪·巴尔托洛梅奥
Michelozzo di Bartolommeo

奇奇里山
Mont Ceceri

孔代博物馆
musée Condé

乌菲齐美术馆
musée des Offices

纳维利奥运河
Naviglio

约瑟夫·尼塞福尔·尼埃普斯
Joseph Nicéphore Nièpce

奥斯卡·尼迈耶
Oscar Niemeyer

奥维德
Ovide

帕奇菲卡·布朗迪尼·德·乌尔波诺
Pacifica Brandini d'Urbin

保罗·乔维奥
Paolo Giovio

帕斯卡尔·柯特
Pascal Cotte

帕奇家族
Pazzi

佩鲁吉诺
Perugino

佩萨罗
Pesaro

旧宫
Piazzo Vecchio

皮耶罗·达·芬奇
Piero da Vinci

皮耶罗·德拉·弗朗切斯卡
Piero della Francesca

老普林尼
Pline l'Ancien

波焦阿卡亚诺
Poggio a Caiano

里米尼
Rimini

罗吉尔·凡·德·韦登
Rogier van der Weyden

皇家图书馆
Royal Library

萨莱
Salai

五百人大厅
Salone dei Cinquecento

圣克里斯托弗
San Cristoforo

桑德罗·波提切利
Sandro Botticelli

圣十字大教堂
Santa Croce

圣母百花大教堂
Santa Maria del Fiore

米兰感恩圣母堂
Santa Maria delle Grazie

新圣母院
Santa Maria Novella

圣母领报大教堂
Santissima Annunziata

圣奥索拉
Sant'Orsola

塞巴斯蒂亚诺·廷帕纳罗
SebastianoTimpanaro

塞巴斯蒂安·沃邦
Sébastien Vauban

布达佩斯国立美术馆
Szepmuveszeti Muzeum

华特斯艺术博物馆
The Walters Art Museum

《柏拉图神学》
Theologia platonica

圣托马斯·阿奎那
Thomas Aquinas

蒂托·李维
Titus Livius

《论绘画》
Trattato del la pittura

特里武尔齐奥
Trivulzio

凡·德·高斯
van der Goes

凡·艾克
Van Eyck

维多利亚和阿尔伯特博物馆
Victoria & Albert Museum

文森佐·佩鲁贾
Vincenzo Peruggia

《著名画家、雕塑家、建筑家传》
Vite de'più eccellenti architetti, pittori et scultori italiani

图片信息

Crédits photographiques

p. 4 Ph. Royal Collection Trust © Her Majesty Queen Elizabeth II, 2016/Bridgeman Images. p. 5 ht Ph. © Veneranda Biblioteca Ambrosiana/Dea/Leemage. p. 5 bas Ph. DeAgostini Picture Library © Veneranda Biblioteca Ambrosiana-Milano/Bridgeman Images. p. 6 Et 7 Ph. © Battaglini/Leemage. p. 8 ht Ph. © Costa/ Leemage. p. 8 bas Ph. © Costa/Leemage. p. 9 Ph. © Immagina/Leemage. p. 10 Ph. Royal Collection Trust © Her Majesty Queen Elizabeth II, 2016/ Bridgeman Images. p. 11 ht Ph. © DeAgostini/Leemage. p. 11 bas Ph. Royal Collection Trust © Her Majesty Queen Elizabeth II, 2016/Bridgeman Images. p. 12 Ph. © Costa/ Leemage. p. 13 Ph. © Veranda Biblioteca Ambrosiana/Dea/Leemage. p. 13 Fac-simile: Bibliotheque de l'Institut, Paris, Ph. © Photo. Josse/Leemage Ph. Royal Collection Trust © Her Majesty Queen Elisabeth II, 2016/Bridgeman Images. p. 14 © Luisa Ricciarini/Leemage. p. 15 Musee des Offices, Florence. Ph. © Luisa Ricciarini/Leemage. p. 16 ht Ph. © DeAgostini/Leemage. p. 16 bas Ph. © Bianchetti/ Leemage. p. 17 Ph. © Bibliotheque nationale de Madrid/ Bridgeman Images. p. 19 Ph. © Luisa Ricciarini/ Leemage. p. 20 Ph. Royal Collection Trust © Her Majesty Queen Elizabeth II, 2016/Bridgeman Images. p. 21 Ph. © Veneranda Biblioteca Ambrosiana/Dea/ Leemage. p. 22 Ph. © Farabola/Leemage. p. 23 g Ph. © CPM/ Leemage. p. 23 d Ph. © CPM/Leemage. p. 24 ht Ph. © De Agostini/Leemage. p. 24 bas Ph. © Veneranda Biblioteca Ambrosiana/Dea/Leemage. p. 25 Ph. © Veneranda Biblioteca Ambrosiana/Dea/Leemage. Fac-similes : Ph. © CPM/ Leemage. p. 26 Ph. © Electa/Leemage. p. 27 Ph. © Biblioteca Ambrosiana Mila, Italy/De Agostini Picture Library/ Metis e Mida Informatica/Veranda Biblioteca Ambrosiana/ Bridgeman Images. p. 28 ht Ph. Royal Collection Trust © Her Majesty Queen Elizabeth II, 2016/ Bridgeman Images. p. 28 bas Ph. © DeAgostini/ Leemage. p. 29 Ph. © Costa/ Leemage. p. 31 ht Ph. © DeAgostini/Leemage. p. 31 bas Ph. © Photo. Josse/Leemage. p. 32 Ph. © Veneranda Biblioteca Ambrosiana/Dea/Leemage. p. 33 Fac-simile : Bibliotheque de l'Institut, Paris, Ph. © Photo. Josse/Leemage. p. 33 Ph. © Costa/Leemage. p. 34 Ph. © Costa/Leemage. p. 36 Ph. © Luisa Ricciarini/Leemage. p. 37 Ph. © Veneranda Biblioteca Ambrosiana/Dea/Leemage. p. 39 Ph. © Electa/ Leemage. p. 40 Ph. © DeAgostini/Leemage. p. 41 ht Ph. © Costa/Leemage. p. 41 bas Ph. © Veneranda Biblioteca Ambrosiana/Dea/Leemage. Fac-simile : Ph. © Costa/Leemage. Fac-similes : Ph. © DeAgostini/Leemage, Ph. © DeAgostini/ Leemage. p. 43 g Ph. © DeAgostini/Leemage. p. 43 d Ph. © DeAgostini/Leemage. p. 44 ht Ph. © DeAgostini/Leemage. p. 44 bas Ph. © Electa/Leemage. p. 45 ht Ph. © Electa/Leemage. p. 45 bas Musee des Beaux-Arts de Budapest, Ph. © Erich Lessing/ AKG-images. p. 46 Palais du marquis de Santa Cruz, Ph. © DeAgostini/Leemage. p. 47 ht Ph. Pietro Baguzzi © AKG-images. p. 47 bas Ph. G. Tomsich © Archives Larbor. p. 48 ht Ph. © Costa/Leemage. p. 48 bas Ph. © Aisa/ Leemage. p. 49 Ph. © Cameraphoto/ AKG-images. Fac-similes : Ph. © Veneranda Biblioteca Ambrosiana/ Leemage. 50 Ph. © Veneranda Biblioteca Ambrosiana/ Dea/Leemage. p. 51 g Ph. © Veneranda Biblioteca Ambrosiana/ Dea/ Leemage. p. 51 d Ph. © Veneranda Biblioteca Ambrosiana/Dea/Leemage. p. 52 Reprise de 3 autres dessins de ce meme cliche en page 55 bas, Ph. © Veneranda Biblioteca Ambrosiana/ Dea/ Leemage. p. 53 Ph. © DeAgostini/Leemage. p. 54 Ph. © Luisa Ricciarini/Leemage. p. 55 ht Ph. © Luisa Ricciarini/ Leemage. Fac-similes : Ph. Institut de France, Paris © Bridgeman Images. p. 56 Ph. © Veneranda Biblioteca Ambrosiana/Dea/Leemage. p. 57 Ph. © Electa/Leemage. p. 58 Ph. © The Walters Art Museum, Baltimore. p. 59 Ph. © Veneranda Biblioteca Ambrosiana/Dea/ Leemage. p. 60 ht Ph. © Costa/ Leemage. p. 60 bas Ph. © Veneranda Biblioteca Ambrosiana/Dea/Leemage. p. 61 Ph. © Veneranda Biblioteca Ambrosiana/Dea/ Leemage. Fac-similes : Ph. © Costa/Leemage. 62 Ph. © Electa/Leemage. p. 63 ht Ph. © Veneranda Biblioteca Ambrosiana/Dea/Leemage. p. 63 bas Ph. © Veneranda Biblioteca Ambrosiana/Dea/Leemage. p. 64 ht Ph. © Veneranda Biblioteca Ambrosiana/Dea/Leemage. p. 64 bas Ph. © Veneranda Biblioteca Ambrosiana/Dea/ Leemage. p. 65 Ph. © Veneranda Biblioteca Ambrosiana/Dea/Leemage. p. 66 Ph. © Costa/Leemage. p. 67 ht Ph. © Veneranda Biblioteca Ambrosiana/Dea/Leemage. p. 67 bas Ph. © Costa/ Leemage. p. 68 Ph. © Costa/Leemage. p. 69 Ph. Royal Collection Trust © Her Majesty Queen Elizabeth II, 2016/Bridgeman Images. Fac-similes : Ph. © Veneranda Biblioteca Ambrosiana/Dea/ Leemage. Ph. © Costa/Leemage. p. 70 ht The Metropolitan Museum of Art , New York, Ph. © DeAgostini/ Leemage. p. 70 bas Ph. Royal Collection Trust © Her Majesty Queen Elizabeth II, 2016/Bridgeman Images. p. 71 Ph .© Jean-Claude Varga/Leemage. Fac-simile : Ph. © AKG-Images. p. 73 Musee du Louvre, Paris, reprises en page 72 Ph. © Raffael/Leemage. p. 74 Ph. © Ailsa Mellon Bruce Fund/ National Gallery of Art, Washington. p. 75 Ph. © Erich Lessing/ AKG-images. p. 76 Ph. © Cameraphoto/AKG-images. p. 77 Musee du Chateau , Cracovie, Ph. © Luisa Ricciarini/Leemage. p. 78 Ph. © Heritage Images/Leemage. p. 79 Musee du Louvre, Paris, Ph. © Photo. Josse/Leemage. p. 80 Ph. © Aisa/Leemage. p. 81 ht Ph. © Luisa Ricciarini/ Leemage. p. 81 bas Ph. Royal Collection Trust © Her Majesty Queen Elizabeth II, 2016/Bridgeman Images. p. 82 Ph. © Veneranda Biblioteca Ambrosiana/Dea/ Leemage. p. 83 Ph. © Costa/Leemage. p. 84 ht Ph. © DeAgostini/Leemage. p. 84 bas Ph. © CPM/Leemage. Fac-simile : Ph. © Veneranda Biblioteca Ambrosiana/ Dea/Leemage. p. 85 Ph. © Lebrecht/ Leemage. p. 86 et 87 : Galerie des Offices, Florence, Ph. © Luisa Ricciarini/ Leemage. p. 88 et 89, 2 reprises en page 90: Refectoire de Santa Maria delle Grazie, Milan. Ph. © Mauro Ranzani/Leemage. p. 91 Musee du Louvre, Paris, Ph. © Electa/Leemage. p. 92 Musee du Louvre, Paris, Ph. © Photo. Josse/Leemage. p. 93 Ph. © Photo. Josse/Leemage. p. 94 Ph. © Photo. Josse/Leemage. p. 95 Ph. © Electa/Leemage. Fac-simile : Ph. O.Ploton © Archives Larousse. p. 96 Ph. © Electa/Leemage. p. 97 Musee Conde, Chantilly, Ph. © Photo. Josse/Leemage. p. 98 Musee de la peinture, Forli. Ph. © DeAgostini/ Leemage. p. 99 Musee du Louvre, Paris, Ph. © Luisa Ricciarini/Leemage. p. 101 Ph. © Costa/Leemage. p. 102 ht Ph. © FineArtImages/Leemage. p. 102 bas Ph. © FineArtImages/Leemage. p. 103 ht Ph. Royal Collection Trust © Her Majesty Queen Elizabeth II, 2016/Bridgeman Images. p. 103 bas Ph. © Immagina/Leemage. p. 104 Ph. © Veneranda Biblioteca Ambrosiana/Dea/Leemage. p. 105 Ph. © Veneranda Biblioteca Ambrosiana/Dea/Leemage. p. 106 ht Ph. © DeAgostini/Leemage. p. 106 bas Ph. © The British Library Board/Leemage. p. 107 Ph. © Veneranda Biblioteca Ambrosiana/ Dea/ Leemage. Fac-simile : Ph. © Veneranda Biblioteca Ambrosiana/Dea/Leemage. Ph. © Veneranda Biblioteca Ambrosiana/Leemage. p. 108 Ph. © Veneranda Biblioteca Ambrosiana/ Dea/ Leemage. p. 109 Ph. © Veneranda Biblioteca Ambrosiana/Dea/Leemage. p. 110 Ph. © Veneranda Biblioteca Ambrosiana/Dea/Leemage. p. 111 g Ph. © The British Library Board/Leemage. p. 111 d Ph. © DeAgostini/Leemage. Ph. © Veneranda Biblioteca Ambrosiana/ Dea/ Leemage. p. 112 Ph. © Immagina/Leemage. p. 113 Ph. © Pascal Ducept/hemis.fr. p. 114 Ph. © Veneranda Biblioteca Ambrosiana/Dea/Leemage. p. 115 Ph. © Photo. Josse/Leemage. p. 116 ht Ph. Musee Leonard de Vinci , Vinci © De Agostini Picture Library/A. Dagli Orti/Bridgeman Images. p. 116 bas Ph. © Costa/ Leemage. p. 117 ht Ph. © CPM/Leemage. p. 117 bas Ph. © Bridgeman Images. p. 118 Ph. Royal Collection Trust © Her Majesty Queen Elizabeth II, 2016/Bridgeman Images. p. 119 ht Ph. Royal Collection Trust © Her Majesty Queen Elizabeth II, 2016/Bridgeman Images. p. 119 bas Musee des Offices, Ph. © Leemage. p. 120 Musee des Offices, Florence, Ph. © Leemage. p. 121 ht Ph. Ashmolean Museum, University of Oxford, UK © Bridgeman Images. p. 121 bas Ph. © Veneranda Biblioteca Ambrosiana/Dea/Leemage. p. 122 Ph. Royal Collection Trust © Her Majesty Queen Elizabeth II, 2016/Bridgeman Images. p. 123 Ph. Royal Collection Trust © Her Majesty Queen Elizabeth II, 2016/ Bridgeman Images.